酒店+餐饮服务业
会计核算与纳税实操
——从新手到高手——

杨　凤——编著

中国铁道出版社有限公司
CHINA RAILWAY PUBLISHING HOUSE CO., LTD.

图书在版编目（CIP）数据

酒店+餐饮服务业会计核算与纳税实操从新手到高手 /
杨凤编著. — 北京：中国铁道出版社有限公司，2023.5
ISBN 978-7-113-30072-2

Ⅰ．①酒… Ⅱ．①杨… Ⅲ．①饭店—财务会计②饭店—
税收管理—中国③饮食业—财务会计④饮食业—税收管
理—中国 Ⅳ．①F719②F812.423

中国国家版本馆CIP数据核字（2023）第048044号

书　　名：酒店+餐饮服务业会计核算与纳税实操从新手到高手
　　　　　JIUDIAN+CANYIN FUWUYE KUAIJI HESUAN YU NASHUI SHICAO CONG XINSHOU DAO
　　　　　GAOSHOU

作　　者：杨　凤

责任编辑：王　佩　　　编辑部电话：（010）51873022　　　电子邮箱：505733396@qq.com
封面设计：宿　萌
责任校对：安海燕
责任印制：赵星辰

出版发行：中国铁道出版社有限公司（100054，北京市西城区右安门西街8号）
印　　刷：三河市兴博印务有限公司
版　　次：2023年5月第1版　　2023年5月第1次印刷
开　　本：710 mm×1 000 mm　1/16　印张：14.5　字数：193千
书　　号：ISBN 978-7-113-30072-2
定　　价：69.80元

前言

会计是一门怎样的学科？

在财经领域，有一句非常著名的话，几乎初学会计的大学生都曾在课堂上听老师讲过"什么是会计？会计，既是一门科学，也是一门艺术。"但不管科学也好，艺术也罢，归根结底是为了解决问题、满足需要。那么会计解决什么问题呢？

在酒店餐饮行业中，每天都在发生各类交易和事项，提供服务、销售客房、接待餐饮服务、采购材料、支付薪酬、投资筹资……这些事项使酒店餐饮业的资产、负债、收入、费用等不同方面天天都在发生变化。那么此时，会计就提供了一种记录和计量的方法，将这些交易和事项反映在会计记录和财务报表上，方便为各类决策者提供有用的信息，同时明确税务工作内容，提高企业的透明度，规范企业的行为。

本书从一名会计实务入门者的角度，以酒店餐饮业会计实操为主线，分别讲述资产、负债、收入、成本费用和税费等方面的知识，根据行业业务特点，通过图解和案例详细介绍了每一版块实账处理流程，以及纳税相关工作、会计报表编制等，这样有助于初学者尽早进入角色，适应会计岗位的工作。

本书共十章，划分为三部分。

◆ 第一部分是第1章，简单介绍了酒店餐饮业未来前景发展趋势、酒店会计相关制度以及会计基本设置等会计工作。

◆ 第二部分是第2～7章，主要介绍了各个会计科目涉及的实账处理，包括资产类、负债类、收入类、成本费用类和所有者权益类等。

◆ 第三部分是第 8 ~ 10 章，主要介绍了建立账簿并做好对账、结账及保管工作等，并讲述了会计报表如何编制、财务报表分析等必要操作内容。

本书系统全面地讲述了酒店餐饮业会计和税务的大部分实操工作，多角度、全方位地讲解了工作中会使用的会计分录。书中将业务流程及法规内容采用图、表形式呈现，使读者更加一目了然，再配合大量行业中的实操范例，使读者能在入门后更深入地学习报表的知识和如何进行财务分析。

内容主要定位于新入职酒店餐饮业的会计工作者，同时也适合希望通过学习来完成会计知识拓展的读者。另外，也可作为希望拓展知识面的人群或者酒店经营者学习参考。

本书编写过程中参考了相关文献及法律法规，在此对工作者表示感谢。当然，由于水平和时间有限，本书可能存在不完善之处，希望读者提出宝贵意见或建议。最后，希望所有读者都能从本书中获益。

编　者

2022 年 10 月

目录

第3章 酒店餐饮业负债的账务处理

第4章　有关酒店餐饮收入的核算

第 5 章 相关成本费用的账务核算

第6章　关于所有者权益的账务核算

第 7 章 应纳税款的核算与相关税务操作

第8章　建立账簿并做好对账、结账及保管工作

第9章　熟知会计报表的编制

第 10 章　了解财务报表分析的撰写

初识酒店餐饮业及会计概述

第1章

　　一般来说，酒店餐饮业就是向宾客提供歇宿和饮食的场所。随着国民消费水平的提高，酒店餐饮业企业如雨后春笋般涌入大众视线，各酒店企业通过出售客房服务、提供餐饮及综合服务等，向客人提供酒店服务，从而取得经济收益。为了真实、准确地记录酒店营业情况和经营成果，会计工作就成了必不可少的工作内容，因此需要相关从业者和经营者对会计知识有所了解。

1.1 初识酒店餐饮业

在税法上，酒店餐饮业属于生活服务业，它是通过给顾客提供食宿服务来获得经济收益的组织。

1.1.1 酒店餐饮业的现状与发展前景

从古至今，酒店餐饮业一直存在，只是每一个时期的人们给予它的称呼不同。我国最早的酒店餐饮业起源于殷商时代的驿站，而它的出现则是商业与生产活动发展的必然。

酒店餐饮业发展至今，一大批国内优秀的酒店餐饮品牌相继出现，占据酒店餐饮业半壁江山。按照国家统计局口径，截至 2021 年，中国住宿和餐饮业法人企业数已达到 65 666 个，住宿和餐饮业营业额已达到 12 043.99 亿元。酒店餐饮业现状与发展前景表现为以下五点。

①供给相对过剩，竞争激烈，行业内部存在明显的优胜劣汰。

②酒店餐饮行业的发展水平与人力资源开发程度的关联性越来越强，简单来讲，就是质量的竞争。而质量竞争主要是服务竞争，服务竞争的核心又是人员素质的竞争。酒店餐饮业人员的敬业精神、技术水平、职业心理素质、高级管理人才和技术人才的组合效应以及是否形成了一支训练有素的人才队伍等，都会影响酒店餐饮业企业的竞争力。目前酒店餐饮业的服务水平参差不齐，各酒店企业为此展开激烈竞争，此处参考"海底捞"等企业的服务标准，可以一窥酒店餐饮行业人员素质竞争的现状。

③运作形式千篇一律。酒店餐饮业的多样化和国际化相对较差，从当前形势来看，酒店文化越来越受到客人追捧，创建独具特色的酒店文化成为塑造酒店优势连锁品牌的一个重要因素。

④酒店在预订技术、服务技术和产品设计技术等方面应全力改进，打破目前行业技术水平全面滞后的局面。可以看出，行业信息化、网络化成

为新的趋势。

⑤食品安全现状不容乐观。酒店餐饮业在餐饮卫生安全方面也是一个较大的问题，例如地沟油、假猪耳等。酒店餐饮业企业应该加强自身的责任意识，提高经营管理能力和水平，确保餐饮服务中的食品安全性。

1.1.2 酒店餐饮业的种类和特点

酒店餐饮业的分类方式一般有以下几种。

（1）按照经营性质分类

在经营性质分类方式下，酒店餐饮业可分为商务型酒店、度假型酒店、主题型酒店、观光型酒店、经济型酒店、连锁酒店和公寓式酒店。

其中连锁酒店也可归类为经济型酒店，一般多为旅游出差者预备，其价格低廉，服务方便、快捷。

（2）按照星级标准分类

在星级标准分类方式下，酒店餐饮业可分类为一星、二星、三星、四星、五星的星级标准。

◆ **一星标准**：设备简单，具备食、宿两个最基本功能，能满足客人最简单的旅行需要，提供基本的服务，属于经济等级。

◆ **二星标准**：设备一般，属于一般旅行等级，满足旅游者的中下等食宿需求。

◆ **三星标准**：设备齐全，不仅提供食宿，还提供会议室、游艺厅、酒吧间、咖啡厅和美容室等综合服务设施，能满足中等消费水平以上的旅游者的食宿需求。

◆ **四星标准**：设备豪华，综合服务设施完善，收费一般很高，主要是满足经济地位较高的旅游者的食宿需求。

◆ **五星标准**：是最高等级，设备十分豪华。主要是满足高消费水平的人群，社会名流，大企业或公司的管理人员、工程技术人员，以及参加国际会议的专家和学者等的食宿需求。

（3）按照客房数量规模分类

在客房数量规模分类方式下，酒店餐饮业可分为 2 000 间客房以上的超大型酒店、1 000 ～ 2 000 间客房以上的大型酒店、500 ～ 1 000 间客房的中大型酒店、200 ～ 500 间客房的中型酒店、50 ～ 200 间客房的中小型酒店以及小型酒店。

1.2　酒店餐饮业建账

为了全面、系统、连续地反映一个企业的财务状况和经营成果，财务人员通过设置和登记会计账簿来完成上述工作。如果将企业比作一艘帆船，经营者作为掌舵手，那么企业账簿就好比是帆，是一个企业正常运转的枢纽。

1.2.1　酒店餐饮业的会计准则与会计制度

会计准则和会计制度都是为了规范会计行为而制定的，它存在于各行各业，两者之间只有制定理念的区别。

（1）会计准则

会计准则是会计人员从事会计工作必须遵循的基本原则，是会计核算工作的规范，是关于会计账目核算、会计报告等内容的一套文件。它的出现，使会计人员在进行会计核算时有了一个共同遵循的标准，各行各业的会计工作可在同一标准下进行。

我国《企业会计准则》由财政部制定，包括基本准则和具体准则。迄今为止，已发布 1 项基本准则和 42 项具体准则，最新的一项为 2017 年发布的《企业会计准则第 42 号——持有待售的非流动资产、处置组和终止经营》。对各项准则有兴趣全面了解的，可登录中华人民共和国财政部官网了解学习。

（2）会计制度

在账簿中对商业交易和财务往来的数据进行分类、记录和汇总，并进行分析、核实和上报结果的一系列工作的总体规则，就是会计制度，是进行会计工作应遵循的规则、方法和程序。

按照《中华人民共和国会计法》（简称《会计法》）的规定，该制度由国家财政部制定，各省、自治区、直辖市以及国务院业务主管部门，在与会计法和国家统一会计制度不相抵触的前提下，可以制定本地区、本部门的会计制度或补充规定。

一个详细的会计制度应包括如下内容。

◆ 会计凭证的种类、格式以及编制、传递、审核、整理、汇总的方法和程序。

◆ 会计科目的编号、名称及其核算内容。

◆ 账簿的组织和记账方法。

◆ 会计报表的种类、格式和编制方法、报送程序。

◆ 会计资料的分析利用。

◆ 会计检查的程序和方法。

◆ 电子计算在会计中的应用。

◆ 会计档案的保管和销毁办法。

◆ 会计机构的组织、会计工作岗位的职责等。

从 2005 年 1 月 1 日起，财政部相继颁发了《小企业会计制度》和《民间非营利组织会计制度》等新会计制度。这些新会计制度分别规定了适用的企业范围与类型，想具体了解各个制度内容的，也可登录国家财政部官网进行学习。

在酒店餐饮业中，我们可以根据餐饮酒店规模的大小以及企业的组织形式或者企业管理的要求，来分别选择我们适用的会计制度。比如酒店是上市公司，那么肯定使用符合中国现行《企业会计准则》的会计制度；如果规模很小，也可选用《小企业会计制度》。

1.2.2 会计的基本元素——会计要素

会计要素是组成会计报表的基本单位，根据我国《企业会计准则》的规定，一共有六大要素，包括资产、负债、所有者权益、收入、费用和利润。其中，资产、负债和所有者权益三项会计要素主要反映企业的财务状况；收入、费用和利润三项会计要素主要反映企业的经营成果。

这六大要素的组成和运用，我们都将在本书中为大家一一讲述！本节我们就来简单了解这六要素的基本特征。

资产。资产是指企业过去的交易或者事项形成的、由企业拥有或者控制的、预期会给企业带来经济利益的资源。

负债。负债是指企业过去的交易或事项形成的、预期会导致经济利益流出企业的现时义务。

所有者权益。所有者权益是指企业所有者享有的企业总资产减去总负债后的剩余权益，即企业的净资产。

收入。收入是指企业在日常经营活动中形成的、会导致所有者权益（或股东权益）增加的、与所有者投入资本无关的经济利益的总流入。在酒店餐饮业中指企业的住宿收入、餐饮收入以及其他收入等。

费用。费用是指企业在日常经营活动中发生的、会导致所有者权益减少的、与向所有者分配利润无关的经济利益的总流出。比如应付给职工的薪酬、行政管理部门要支付的各种管理费用、销售部门要支付的销售费用以及工程部门要支付的各项维修费用。

利润。利润指企业在一定会计期间的经营成果，是全体职工的劳动成果，是企业全部收入减去全部成本费用之后的净额。在会计上，企业的利润一般分为营业利润、利润总额和净利润三个部分，它们之间的关系是：营业利润 + 营业外收入 - 营业外支出 = 利润总额；利润总额 - 所得税费用 = 净利润。

以上就是会计核算的六大基本元素，是会计从业人员必须掌握的基本知识，也是会计核算对象具体化的体现。

1.2.3　酒店餐饮业会计的语言——会计科目

任何专业都有自己的专业术语，会计也不例外。而会计上的专业术语就是我们将要了解的会计科目。

会计科目就是将会计要素按照实际工作中的具体内容进行分类，从而确定出的相应名称。它使财会人员将实际工作中复杂的经济信息有规律、易识别地转化成会计信息，然后全面地提供给企业管理者，从而使管理者了解企业的实际经营状况，以此来确定后面的发展路线。

在我国，会计科目有不同的分类标准，因此可以分成不同的类别。

（1）按其归属的会计要素进行分类

该分类方式可将会计科目分为六大类，如表 1-1 所示。

表 1-1　会计科目按其归属的会计要素分类

类　　别	细分类别
资产类科目	又可分为流动资产类科目和非流动资产类科目
负债类科目	又可分为流动负债类科目和非流动负债类科目
共同类科目	有"清算资金往来""货币兑换"等科目
所有者权益类科目	包括"实收资本""资本公积"和"盈余公积"等科目
成本类科目	包括"生产成本""劳务成本"和"制造费用"等科目

续表

类　别	细分类别
损益类科目	①收入性科目：包括"主营业务收入""其他业务收入""投资收益"和"营业外收入"等科目 ②费用性科目：包括"主营业务成本""其他业务成本""税金及附加""销售费用""管理费用""财务费用"和"所得税费用"等科目

（2）按照核算指标的详细程度分类

该分类方式可将会计科目分为总账科目和明细分类科目。

在酒店餐饮业中，以上会计科目都是日常经营活动中会用到的。

1.2.4　会计岗位的基本职责与会计资料的管理

会计机构是各单位办理会计事务的职能部门；会计人员是隶属于会计机构并直接从事会计工作的人员；会计资料是企业经济业务发生或者完成情况的书面证明，是会计人员收到、填制或编制形成的，它如实反映了企业的经营信息和经营成果。

（1）会计岗位的基本职责

根据 2017 年修订的《会计法》第三十六条规定：各单位应当根据会计业务的需要，设置会计机构，或者在有关机构中设置会计人员并指定会计主管人员；不具备设置条件的，应当委托经批准设立从事会计代理记账业务的中介机构代理记账。

建立完善的会计机构，配备具有一定素质和数量的会计人员，是做好会计工作、充分发挥会计职能作用的重要保证。

《会计法》的相关规定明确了国家机关、社会团体、企事业单位、个体工商户和其他组织的会计机构和会计人员的主要职责。内容有如下几点。

- ◆ 依法进行会计核算。

- ◆ 依法实行会计监督。

- ◆ 拟定本单位办理会计事务的具体办法。

- ◆ 参与拟订经济计划、业务计划，考核、分析预算和财务计划的执行情况。

- ◆ 办理其他会计事务。

会计工作岗位的设置，可以一人一岗、一人多岗（但出纳人员不得兼管稽核、会计档案保管和收入、费用、债权债务账目的登记工作）以及一岗多人，这些都可以根据企业的自我需求来设置。

在酒店餐饮业中，一般小型的酒店建议一个门店设置一个主管会计，主管会计下最少应设置出纳、会计以及仓库管理员这几个岗位。出纳负责收付款业务以及前台的资金管理；会计主要负责记账、算账和报账；仓库管理员负责登记和管理酒店库存商品及布草等低值易耗品，并按规定编制相关表格。主管会计主要负责审核、管理总账和编制财务报告。

大型的酒店可以设置财务部或者财务科，在财务部（科）下设置具体岗位，一般可以设置总账会计、收入会计、成本会计、应收会计和费用会计等，来分别核算酒店的账务。除此之外，还可设置审计专员来监督管理酒店的财务工作。各会计岗位的主要职责如表 1-2 所示。

表 1-2　细分会计岗位的主要职责

岗　　位	主要职责
总账会计	审核和监督经济活动过程，保证会计信息的合法、真实、准确和完整，为管理者提供必要的财务资料，并参与决策，谋求最佳的经济效益
收入会计	负责收费系统的管理，认真审核原始单据的合理性、真实性和完整性，做到单证齐全、手续完备
成本会计	审核公司各项成本的支出，进行成本核算以及相关的成本管理工作
应收会计	及时完成各月应收账款的对账工作，做好客户往来账款的管理，以及督促账款的催讨工作

续表

岗　　位	主要职责
费用会计	按照相关规定，在预算范围内，严格掌握费用开支标准，审核报销单据，并及时、准确地填制记账凭证，尤其是金额和摘要必须完整清楚
审计专员	负责企业涉及的所有审计事项，编写内部审计报告，提出处理意见和建议，同时协助企业管理者和经营者完成其他审计方面的工作

大型酒店的分离管理，可以使总账与明细账分离，从而在财务机构内部形成有效的岗位制衡机制，减少财务风险，避免财务损失和财务舞弊的情况发生，强化财务管理力度。

（2）会计资料的管理

在实际工作中，会计资料应完善保管，包括凭证和账簿等其他会计资料。凭证可以分为两大类，即原始凭证和记账凭证。

◆ **原始凭证**：是指我们日常工作中涉及的各种单据，包括报销时的各种发票以及销售合同等。这些原始凭证是在经济业务或事项发生或完成时填写的，用来证明经济业务事项已经发生或者完成的凭据，是进行会计核算的重要资料。

◆ **记账凭证**：是指会计人员根据审核无误的原始凭证及有关资料，按照经济业务事项的内容和性质加以归类，并确定会计分录，作为登记会计账簿依据的会计凭证。

凭证记账完毕后，会计人员应对其进行整理、装订和归档，以备后期进行存查工作时使用。会计凭证的保管主要有下列要求。

①会计凭证应定期装订成册，防止散失。

②会计凭证封面应注明单位名称、凭证种类、凭证张数、起止号数、年度和月份、会计主管人员以及装订人员等有关事项，会计主管人员和保管人员应在封面上签章。

③会计凭证应加贴封条，防止抽换凭证。非特殊原因不得外借。

④严格遵守会计凭证的保管期限要求，期满前不得任意销毁。

除凭证外，《会计档案管理办法》还规定了其他需要归档的会计资料。

◆ **会计账簿**：包括总账、明细账、日记账、固定资产卡片及其他辅助性账簿。

◆ **财务会计报告**：包括月度、季度、半年度和年度财务会计报告。

◆ **其他会计资料**：包括银行存款余额调节表、银行对账单、纳税申报表、会计档案移交清册、会计档案保管清册、会计档案销毁清册、会计档案鉴定意见书及其他具有保存价值的会计资料。

另外，《会计档案管理办法》规定了我国企业和其他组织、预算单位等的会计档案的最低保管期限。修订后的《会计档案管理办法》已于 2015 年 12 月 11 日公布，2016 年 1 月 1 日正式施行。

修订后的《会计档案管理办法》将会计档案定期保管期限由原来的 3 年、5 年、10 年、15 年、25 年这 5 类调整为 10 年和 30 年两类，其中会计凭证及会计账簿等主要会计档案的最低保管期限延长至 30 年，其他辅助会计资料的最低保管期限延长至 10 年。同时，《会计档案管理办法》还规定了会计资料的销毁程序，经鉴定可以销毁的会计档案，应按照图 1-1 所示的程序销毁。

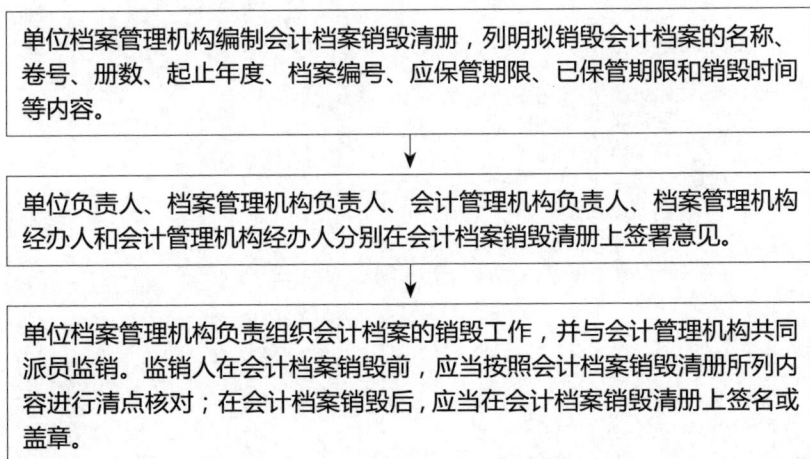

单位档案管理机构编制会计档案销毁清册，列明拟销毁会计档案的名称、卷号、册数、起止年度、档案编号、应保管期限、已保管期限和销毁时间等内容。

↓

单位负责人、档案管理机构负责人、会计管理机构负责人、档案管理机构经办人和会计管理机构经办人分别在会计档案销毁清册上签署意见。

↓

单位档案管理机构负责组织会计档案的销毁工作，并与会计管理机构共同派员监销。监销人在会计档案销毁前，应当按照会计档案销毁清册所列内容进行清点核对；在会计档案销毁后，应当在会计档案销毁清册上签名或盖章。

图 1-1　会计档案的销毁程序

电子会计档案的销毁还应当符合国家有关电子档案的规定，并由单位档案管理机构、会计管理机构和信息系统管理机构共同派员监销。

以上就是关于酒店餐饮业的大致概述以及作为财务人员应了解的基本财务知识、相关制度与规定和基本工作内容。下面我们就一起进入实际工作中会接触到的账务实操的学习。

酒店餐饮业相关资产的账务处理

第 2 章

　　资产指企业拥有或控制的、以货币计量的、预期能给企业带来经济利益的资源。资产有多种不同的分类，常见的划分方式是根据流动性将其分为流动资产和非流动资产。流动资产指预期将在一年或超过一年的一个营业周期内变现、出售或者耗用的资产；非流动资产指企业旨在生产经营中长期使用或为某种目的而长期持有的资产。本章就来具体学习酒店餐饮业中各类资产的相关账务处理方法。

2.1　货币资金的分类和账务核算

货币资金是企业资产的重要组成部分，是在周转过程中停留在货币形态的那部分资金，是企业经营管理过程中流动性最强、控制风险最高的资产。它包括库存现金、银行存款和其他货币资金。

货币资金核算是企业日常经济核算的重要内容，过程中还会通过相关指标的计算来衡量货币资金的利用效率，同时找出资金使用过程中的问题和解决问题的方法。货币资金核算的目的是反映、监督资金的筹集、占用和周转情况，挖掘企业占用财产物资获取收益的潜力，加速资金周转，以尽量少资金的占用，提高盈利水平。

2.1.1　库存现金的核算

现金在概念上有广义和狭义之分，狭义指企业的库存现金，广义指库存现金、银行存款和其他符合现金的票证等。在了解库存现金核算之前，需要先了解库存现金核算的必备知识，以便更好地了解库存现金核算。

（1）库存现金的内控管理办法

现金是流动性最强的一种货币性资产，可以随时用其购买所需的物资，支付有关费用，偿还债务。它一般存放于企业财会部门，由出纳人员经管。

根据国家现金管理制度和结算制度的规定，企业收支的各种款项必须按照国务院发布的《现金管理暂行条例》的规定管理，包括在规定的范围内使用现金。允许企业使用现金结算的范围以及库存现金限额的规定等具体内容如下。

　◆　库存现金的使用范围。

①支付给职工的工资以及津贴；②个人劳务报酬，包括稿酬、讲课费及其他专门工作的报酬；③根据国家规定颁发给个人的科学技术、文化艺术及体育比赛等各种奖金；④各种劳保、福利费用及国家规定的对个人的

其他支出；⑤向个人收购农副产品和其他物资的价款；⑥出差人员必须随身携带的差旅费；⑦结算起点（1 000 元）以下的零星支出；⑧中国人民银行确定需要支付现金的其他支出。

◆ 库存现金的限额。

库存现金的限额是指为保证各企业日常零星开支的需求，而允许企业留存的现金最高数额。

这一限额由开户银行根据开户单位的实际需要和距离银行远近等情况核定，一般按照开户单位 3 ~ 5 天日常零星开支所需确定。边远地区和交通不便地区的开户单位可按多于 5 天、但不得超过 15 天的日常零星开支的需要确定。库存限额一经确定，要求开户单位必须严格执行，不能任意超过，超过限额的现金应及时送存银行；库存现金低于限额时，可以签发现金支票从银行提取现金，补足限额。

◆ 不准坐支现金。

坐支现金是指企业收到现金以后不存入银行，而是直接从收到的现金中开支。开户单位支付现金，可以从本单位库存现金限额中支付或者从开户银行提取，不得从本单位的现金收入中直接支付（即坐支）。

因特殊情况需要坐支现金的，应当事先报经开户银行审查批准，由开户银行核定坐支范围和限额。坐支单位应当定期向开户银行报送坐支金额和使用情况。同时，收支的现金必须入账。简单地说，坐支就是挪用收入款。

（2）酒店日常库存现金的核算

库存现金的核算包括库存现金日常收支的核算和库存现金的清算。

在酒店餐饮业中，库存现金日常核算一般包括库存现金的收入和库存现金支出。为了加强对库存现金的管理，随时掌握库存现金收付的动态和余额，企业应设置"现金日记账"及"现金总账"，月度终了，两者余额应做到账账相符。同时，企业设置"库存现金"账户来进行日常核算，该账户属于资产类账户，借方登记现金增加数额，贷方登记现金减少数额，余额一定在借方，表示期末时企业实际持有库存现金的金额。下面分别讲解现金收入与支出业务的核算。

◆ 酒店发生现金收入业务的核算。

酒店企业发生现金收入业务一般是指从银行提取现金和取得提供服务收到的现金收入两种。具体的账务处理如下所示。

| 范例解析 | 从银行提取现金作为备用金

恺宾酒店的出纳王路开出现金支票 1 000.00 元从银行提取现金作为备用金。根据现金支票存根，酒店会计杨阳应编制以下会计分录。

借：库存现金　　　　　　　　　　　　　　　　　　1 000.00

　　贷：银行存款　　　　　　　　　　　　　　　　　　　1 000.00

| 范例解析 | 提供服务收到现金

2×20 年 5 月 20 日，恺宾酒店售出钟点房 8 间，每间房价 158.00 元，收到现金 1 264.00 元，开具增值税统一发票，税率 6%，钱款已结并上交出纳王路，根据以上资料，会计杨阳应编制以下会计分录。

增值税销项税额 =1 264.00÷（1+6%）×6%=71.55（元）

确认主营业务收入 =1 264.00−71.55=1 192.45（元）

借：库存现金　　　　　　　　　　　　　　　　　　1 264.00

　　贷：主营业务收入——房费收入　　　　　　　　　　1 192.45

　　　　应交税费——应交增值税（销项税额）　　　　　　71.55

◆ 酒店发生现金支出业务的核算。

酒店餐饮业在日常经营中，涉及现金支出的业务很广泛，如购买日常的办公用品、支付员工的日常报销以及支付金额较小的货款。其核算也都会涉及"库存现金"科目，现金支出应贷记"库存现金"科目，借记涉及的其他相应科目。现以员工报销办公费用为例进行账务处理讲解。

| 范例解析 | 报销现金购买办公用品的支出核算

2×20 年 10 月 9 日，恺宾酒店仓管部员工黄敏购买 A4 办公用纸，垫付费用 2 000.00 元，黄敏于 2×20 年 10 月 11 日将收到的增值税普通发票以及填制的报销单交到财务部报销。已知增值税税率为 13%。经财务部领导签字后到出纳处领款，会计应根据报销单编制如下会计分录。

借：管理费用——办公用品　　　　　　　　　　2 000.00

　　贷：库存现金　　　　　　　　　　　　　　　　2 000.00

知识延伸 | 办公用品的发票开具注意事项

2017 年 5 月 19 日，国家税务总局发布 2017 年第 16 号公告，明确规定：自 2017 年 7 月 1 日起，销售方开具增值税发票时，发票内容应按照实际销售情况如实开具，不得根据购买方要求填开与实际交易不符的内容。销售方开具发票时，通过销售平台系统与增值税发票税控系统后台对接，导入相关信息开票的，系统导入的开票数据内容应与实际交易相符，如不相符应及时修改完善销售平台系统。

上面规定的具体解读是：从 2017 年 7 月 1 日起，公司购买物品时，开具发票不能再使用类似"办公用品""礼品""劳保用品"这种大类，而是相关物品都必须按照相关明细如实填写。上述规定并不是新规定，但之前人们购物时习惯按照这种大类开具，这就衍生了一些违规空间，比如商场同时销售各种商品，可以开具多种大类的发票，有人可能会买了食品而要求开成办公用品到单位报销，这是与实际交易不符的。

根据规定，今后即便确实是购买了办公用品，也不能再按这种大类开具发票，而是要细化到购物明细。比如买了办公用纸，那么发票上必须把商品名称、型号打印出来。

2.1.2　库存现金的盘盈与盘亏处理

为了保证库存现金的安全及账务的正确性，加强对出纳的监督，酒店餐饮业必须经常对现金进行清查，做到日清月结，保证账实相符。

清查的方法主要是实地盘点，出纳人员每日终了应对库存现金进行清点，保证与现金日记账账面余额相符。企业还应组织清查小组不定期对库存现金进行清查，如有现金短缺或溢余，应及时查明原因，按相关规定进行处理。

| 范例解析 | 库存现金盘盈的账务处理

2×20 年 5 月末，恺宾酒店在组织现金清查过程中，发现溢余 500.00 元。根据相关规定及有关凭证，会计编制分录如下。

借：库存现金   500.00
　　贷：待处理财产损溢——待处理流动资产损溢   500.00

经查明，现金溢余原因不明，可经批准后转入营业外收入，编制会计分录如下。

借：待处理财产损溢——待处理流动资产损溢   500.00
　　贷：营业外收入——现金溢余   500.00

| 范例解析 | 库存现金盘亏的账务处理

2×20 年 6 月末，恺宾酒店在组织现金清查过程中，发现短缺 200.00 元。经查明是出纳王路错发造成，根据有关凭证，会计编制分录如下。

借：待处理财产损溢——待处理流动资产损溢   200.00
　　贷：库存现金   200.00

上述短缺现金经批准由出纳王路赔偿，编制会计分录如下。

借：其他应收款——应收现金短缺款（王路）   200.00
　　贷：待处理财产损溢——待处理流动资产损溢   200.00

2.1.3　银行存款的账户分类以及账务核算

一般存入银行或其他金融机构的货币资金泛指银行存款。按照国家有关规定，凡是独立核算的单位都必须在经营地当地开设账户。

企业在银行开设账户以后，在规定范围内的可以用现金直接付款，在其他生产经营过程中所发生的一切货币收支业务，都必须通过银行存款账户进行结算。

酒店餐饮业应当设置"银行存款日记账"，由出纳人员按照银行存款收付业务的发生先后顺序逐笔登记，每日终了时应结出余额。"银行存款日记账"应定期与银行对账单核对，至少每月核对一次。

企业银行存款账面余额与银行对账单余额之间若有差额，应按月编制"银行存款余额调节表"，直到调节相符为止。下面我们就来简单了解有关银行账户的分类以及银行存款的账务核算。

（1）银行账户的分类

《银行账户管理办法》将企事业单位的存款账户分为四类，即基本存款账户、一般存款账户、临时存款账户和专用存款账户。具体内容如表 2-1 所示。

表 2-1　银行存款的四类账户

账户名称	介　　　绍
基本存款账户	是存款人办理日常转账结算和现金收付业务使用的账户。存款人日常经营活动的资金收付及其他工资、奖金和现金的支取通过该账户办理。一个企业一般只能开立一个基本存款账户
一般存款账户	是存款人因借款或其他结算需求，在基本存款账户开户银行以外的银行机构开立的银行结算账户。一般用于办理存款人借款转存、借款归还和其他结算的资金收付
临时存款账户	是存款人因临时需要并在规定期限内使用而开立的银行结算账户。一般有三种情况：①设立临时机构；②异地临时经营活动；③注册验资。临时存款账户的有效期最长不超过两年
专用存款账户	是存款人按照法律、行政法规和规章，对其特定用途资金进行专项管理和使用而开立的银行结算账户。用于办理各项专用资金的收付。如基本建设项目专项资金、农副产品资金

（2）银行存款的账务核算

为了核算和反映企业存入银行或其他金融机构的各种存款，企业会计制度规定，应设置"银行存款"科目，该科目的借方反映企业存款的增加，贷方反映企业存款的减少，期末借方余额，反映企业期末存款的余额。

酒店餐饮业应严格按照制度的规定进行银行存款核算和管理，将款项存入银行或其他金融机构，借记"银行存款"科目，贷记"库存现金"等有关科目；提取和支出存款时，借记相关科目，贷记"银行存款"科目。

| 范例解析 | **将实收资本存入银行账户的账务处理**

甲、乙、丙共同出资设立恺宾酒店有限责任公司，公司注册资本为5 000 000.00 元，甲、乙、丙持股比例分别为 60%、20%、20%。2×19 年1 月 5 日，如期收到各投资者以银行存款一次缴清的款项。根据上述资料，会计应做以下账务处理。

甲应确认的实收资本 = 5 000 000.00×60% =3 000 000.00（元）

乙应确认的实收资本 = 5 000 000.00×20% =1 000 000.00（元）

丙应确认的实收资本 = 5 000 000.00×20% =1 000 000.00（元）

借：银行存款　　　　　　　　　　　　　5 000 000.00

　　贷：实收资本——甲　　　　　　　　　　3 000 000.00

　　　　　　——乙　　　　　　　　　　1 000 000.00

　　　　　　——丙　　　　　　　　　　1 000 000.00

| 范例解析 | **支付购买物料物资的账务处理**

恺宾酒店 2×20 年 1 月 15 日向某食品公司购入餐饮原材料一批，含税价为 5 000.00 元，增值税专用发票注明税率 9%，材料已验收入库，货款通过银行存款付讫。账务处理如下。

增值税进项税额 =5 000.00÷（1+9%）×9%=412.84（元）

原材料的入账价值 =5 000.00–412.84=4 587.16（元）

借：原材料　　　　　　　　　　　　　4 587.16

　　应交税费——应交增值税（进项税额）　　　412.84

　　贷：银行存款　　　　　　　　　　　　5 000.00

2.1.4　其他货币资金的核算

在酒店餐饮业的经营资金中，有些货币资金的存款地点和用途与库存现金和银行存款不同，如外埠存款、银行汇票存款、银行本票存款、信用证保证金存款、信用卡存款、存出投资款，这些资金在会计核算上统称为"其他货币资金"。

为了核算和反映企业的各种其他货币资金，酒店餐饮业应设置"其他货币资金"账户并设置明细账户，如"外埠存款""银行汇票存款""银行本票存款"，账户借方反映其他货币资金增加数，贷方反映减少数，期末借方余额，反映其他货币资金余额数。

| 范例解析 | **处理取得银行汇票和银行本票的账务处理**

恺宾酒店的采购员因要去往外地办理材料采购，所以向银行申请办理银行汇票以及银行本票各 10 000.00 元。在恺宾酒店的出纳填制银行本票申请书以及银行汇票委托书并将款项交付银行后，取得银行汇票及银行本票，会计根据银行盖章的委托书存根联及申请书存根联，进行账务处理。

借：其他货币资金——银行汇票存款　　　　　　　10 000.00

　　　　　　　　——银行本票存款　　　　　　　10 000.00

　　贷：银行存款　　　　　　　　　　　　　　　　　　20 000.00

| 范例解析 | **外埠存款的账务处理**

2×20 年 2 月 5 日，恺宾酒店到外地进行零星采购，将款项 50 000.00 元委托当地银行汇往采购地开立采购专户，根据汇出款项凭证，编制付款凭证，账务处理如下。

借：其他货币资金——外埠存款　　　　　　　50 000.00

　　贷：银行存款　　　　　　　　　　　　　　　　50 000.00

2×20 年 2 月 10 日，收到采购员交来的供应单位开具的增值税专用发票，税率 3%，账务处理如下。

增值税进项税额 =50 000.00÷（1+3%）×3%=1 456.31（元）

在途物资的确认价值 =50 000.00−1 456.31=48 543.69（元）

借：在途物资　　　　　　　　　　　　　　48 543.69

　　应交税费——应交增值税（进项税额）　　1 456.31

　　贷：其他货币资金——外埠存款　　　　　　　50 000.00

2.2 存货的分类以及账务处理

存货是指企业在日常生产活动中持有以备出售的产成品或商品、处在生产过程中的在产品、在生产过程或提供劳务过程中耗用的材料和物料等。存货因处于不断销售、耗用和重置的过程中，所以其归属于企业流动资产的范围。企业的存货通常包括表 2-2 所示的内容。

表 2-2　企业存货包括的内容

内　容	简　介
原材料	即企业在生产过程中经加工改变其形态或性质并构成产品主要实体的各种原料及主要材料，酒店餐饮业可包括餐饮原材料等
在产品	是指在企业尚未加工完成，需要进一步加工且正在加工的在制品
半成品	即仍需进一步加工的中间产品
产成品	即生产步骤已全部加工完成，可以对外销售的产品
商品	是指商品流通企业外购或委托加工完成后验收入库用于销售的各种商品
周转材料	含低值易耗品，如各种包装物、工具
委托代销商品	委托其他单位代销的商品

一般在酒店餐饮业中，很少会涉及在产品、半成品和产成品等，而多涉及的主要有原材料、库存商品和周转材料等存货的核算。下面来简单了解酒店餐饮业的存货内容及其核算处理。

2.2.1　购入存货的账务核算

在酒店餐饮业中，购进的存货都是按照实际成本法入账的，外购的存货成本是企业物资从采购到入库前发生的所有支出，包括购买价款、相关税费、运输费、装卸费、保险费以及其他归属于存货采购成本的费用。

酒店餐饮业存货的核算应设置"原材料""在途物资""库存商品"和"周转材料"等科目，借方反映存货的增加，贷方反映发出存货以及存货的减少，期末借方余额，反映存货余额数。

| 范例解析 |　购入的物料还在途中的账务处理

　　恺宾酒店为增值税一般纳税人，2×20 年 4 月 20 日，购入餐饮原材料一批，取得增值税专用发票，支付价税合计 8 720.00 元，注明税率为 9%。发票等结算凭证已经收到，货款已通过银行支付，但材料尚未运达，应做账务处理如下。

　　增值税进项税额 =8 720.00÷（1+9%）×9%=720.00（元）

　　借：在途物资　　　　　　　　　　　　　　　　　　8 000.00

　　　　应交税费——应交增值税（进项税额）　　　　　　720.00

　　　　贷：银行存款　　　　　　　　　　　　　　　　　　　8 720.00

　　上述材料到达并验收入库，再编制会计分录如下所示。

　　借：原材料——原料及主要材料　　　　　　　　　　8 000.00

　　　　贷：在途物资　　　　　　　　　　　　　　　　　　8 000.00

| 范例解析 |　货款尚未支付，物料已验收入库

　　假设沿用上述案例，原材料已经运到，并验收入库，但发票等凭证尚未收到，货款尚未支付。月末按暂估价入账，暂估价为 9 000.00 元。月末，会计杨阳应编制会计分录如下。

　　借：原材料——原料及主要材料　　　　　　　　　　9 000.00

　　　　贷：应付账款——暂估应付款　　　　　　　　　　　9 000.00

　　下月初，红字冲回时填制图 2-1 所示的凭证，会计分录如下。

记　账　凭　证

2×20 年　5 月 1 日　　　　　　　　字第 1 号

摘要	总账科目	明细科目	借方金额								贷方金额								附件
			千	百	十	万	千	百	十	元	角	分	千	百	十	万	千	百	十	元	角	分	
红字冲回上月货款暂估入账	原材料	原料及主要材料				9	0	0	0	0	0	0											附件 2 张
红字冲回上月货款暂估入账	应付账款	暂估应付款														9	0	0	0	0	0	0	
合计（大写）玖千元整			¥			9	0	0	0	0	0	0	¥			9	0	0	0	0	0	0	

会计主管　　　　　　　记账 杨会计　　　　　　出纳　　　　　　制单 杨会计

图 2-1　红字冲回凭证

借：原材料——原料及主要材料 9 000.00

　　贷：应付账款——暂估应付款 9 000.00

收到有关凭证，支付相关费用后，做如下处理。

借：原材料——原料及主要材料 8 000.00

　　应交税费——应交增值税（进项税额） 720.00

　　　贷：银行存款 8 720.00

2.2.2　发出存货的业务核算

在酒店餐饮业中，领用物料用品、库存商品和办公用品时，应填制物料领用单、库存商品出库单、办公用品领用单，仓库管理员应分别编制"物料领用汇总表"和"库存商品明细账"等。

会计在确认汇总表等的正确性后，再以此为依据，编制"存货分类明细账"，并编制相关会计分录，例如借记"管理费用""销售费用"或"主营业务成本"等科目，贷记"库存商品""原材料"或"物料用品"等科目。

在酒店餐饮业中，加权平均法是常见的存货成本核算方法。一般来说采用的是月末一次加权平均法，指以当月全部进货数量加上月初存货数量作为权数，用当月全部进货成本加上月初存货成本之和除以权数，计算出存货加权平均单位成本，以此为基础计算当月发出存货成本和期末结存存货成本的一种方法。其计算公式如下。

存货加权平均单位成本=（月初库存存货实际成本+本月进货的实际成本）÷（月初库存存货数量+本月进货数量）

本月发出存货的成本=本月发出存货的数量×存货加权平均单位成本

本月月末库存存货成本=月末库存存货的数量×存货加权平均单位成本

> **知识延伸｜发出存货的其他方法**
>
> 　　根据中国《企业会计准则》的相关规定：“各种存货发出时，企业可以根据实际情况，选择使用先进先出法、加权平均法、移动加权平均法、个别计价法等方法确定其实际成本”。加权平均法前面已经介绍了，下面简单说明一下其他三种方法的核算方法。
>
> 　　1.先进先出法是一种以先购入的存货先发出（消耗或耗用）的存货实物流转假设为前提，作为发出存货进行计价的一种方法。即先购入的存货成本在后购入存货成本之前转出，据此确定发出存货和期末结存存货的成本。
>
> 　　2.移动加权平均法指以本次进货成本加原有存货成本，除以本次进货数量加上原有库存数量之和，据以计算加权平均单位成本，作为对下次进货前计算各次发出存货成本的一种方法。其计算公式如下。
>
> 　　存货单位成本=（原有库存存货的实际成本+本次进货实际成本）÷（原有存货数量+本次进货数量）
>
> 　　本次发出存货成本＝本次发出存货的数量×本次发出存货前的单位平均成本
>
> 　　3.个别计价法又称个别认定法，使用每一种存货的实际成本作为计算发出存货成本和期末存货成本的基础。采用这种方法计算的成本比较合理、准确，但工作量繁重、困难较大。

　　下面使用月末一次加权平均法来核算存货成本。

｜范例解析｜　根据领用单做领用物料的账务处理

　　图2-2所示的是恺宾酒店2×20年7月的物料明细账。

客房部物料明细账

单位：元

日期	收入			发出			结存		
	数量（件）	单位成本	总成本	数量（件）	单位成本	总成本	数量（件）	单位成本	总成本
7月1日							300	1.00	300.00
7月3日	1 500	1.20	1 800.00				1 800		
7月8日				800			1 000		
7月10日	1 000	1.50	1 500.00				2 000		
7月11日				800			1 200		
7月20日				800			400		
合计	2 500		3 300.00	2 400			400		

图2-2　物料明细账

可见，恺宾酒店客房部分别于 2×20 年 7 月 8 日、11 日、20 日领用客用牙膏牙刷 800 件，已知本月 3 日、10 日分别购入牙膏牙刷 1 500 件、1 000 件，购入时的单价分别为 1.20 元、1.50 元；上月结存 300 件，单位成本 1.00 元。

牙膏牙刷加权平均单位成本 =（300.00+3 300.00）÷（300.00+2 500.00）=1.29（元）

本月领用牙膏牙刷的成本 =2 400.00×1.29=3 096.00（元）

本月月末库存存货的成本 =400×1.29=516.00（元）

借：主营业务成本——客房部——物料消耗　　　　　　3 096.00

　　贷：物料用品——客房部——一次性用品　　　　　　　3 096.00

2.2.3　库存商品的确认与核算

在酒店餐饮行业中，库存商品是存货的一种，一般指外购的产品，包括准备销售给客户的烟、酒、日用品等。

外购库存商品入库必须办理入库手续，根据发货信息表，核对商品明细信息，经核对后，经办人填制"商品入库明细单"，包含商品名称、数量、型号、单价、金额和入库时间等明细信息。该明细单一式三联，一二联交财务做账，三联留存备查。库存商品出库也应填制相应的"库存商品出库单"。

库存商品的核算，应根据入库明细单和出库单编制相关会计分录，设置"库存商品"科目，借方登记库存商品入库增加数，贷方登记库存商品出库减少数，期末借方余额，反映库存商品余额数。

| 范例解析 |　购入商品验收入库的账务处理

2×20 年 6 月 1 日，采购员小张购入一批香烟，价税合计 2 000.00 元，取得增值税专用发票，税率 13%，已验收入库并填制商品入库明细单，根据以上凭证，会计杨阳编制相关会计分录如下。暂不考虑消费税。

增值税进项税额 =2 000.00÷（1+13%）×13%=230.09（元）

借：库存商品　　　　　　　　　　　　　　　　　　1 769.91

　　应交税费——应交增值税（进项税额）　　　　　230.09

　　贷：银行存款　　　　　　　　　　　　　　　　　　2 000.00

2.2.4　低值易耗品的核算

低值易耗品是指单位价值在 10.00 元以上，2 000.00 元以下，或者使用年限在一年以内，不能作为固定资产的劳动资料。一般价值低，使用期限短，类似固定资产，是在生产过程中可以多次使用而不改变其实物形态，但使用时也需维修，报废时可能也有残值的一种劳动资料。酒店餐饮业使用的布草、餐具、玻璃器皿、厨具等，一般计入低值易耗品。

低值易耗品与包装物，在会计核算中，根据规定都并入"周转材料"中。为了反映和监督低值易耗品的增减变动及其结存情况，企业应当设置"周转材料——低值易耗品"科目。在使用过程中，应进行摊销；金额较小的，可在领用时一次摊销计入成本费用。

| 范例解析 |　低值易耗品一次性摊销

恺宾酒店客房部领用一批布草，价值 4 800.00 元；根据领用汇总单，采用一次性分摊法，编制以下会计分录。

借：销售费用——低值易耗品摊销——客房部　　　4 800.00

　　贷：周转材料——低值易耗品　　　　　　　　　　4 800.00

2.2.5　计提存货跌价准备的账务处理

根据企业会计准则的规定，资产负债表日，存货应当按照期末存货实际成本与可变现净值孰低计量。存货实际成本高于其可变现净值的，应当计提存货跌价准备，计入当期损益。

存货跌价准备应当按照单个存货项目计提，但数量繁多、单价较低的存货,可以按照存货类别计提。企业应于资产负债表日确定存货可变现净值,如果影响存货价值的因素已经消失,则应在原计提存货跌价准备的金额内转回。计提存货跌价准备时,应借记"资产减值损失——计提的存货跌价准备"科目,贷记"存货跌价准备"科目,转回则反之。

| 范例解析 |　对存货计提跌价准备

恺宾酒店采用成本与可变现净值孰低法对甲存货进行期末计量。2×19年12月31日,甲存货的账面价值为180 000.00元,由于甲存货市场价格下跌,年末确定甲存货可变现净值170 000.00元,期初"存货跌价准备"账户余额为零,由此计提存货跌价准备为10 000.00元。

借:资产减值损失——计提的存货跌价准备　　　　　10 000.00

　　贷:存货跌价准备　　　　　　　　　　　　　　　　10 000.00

| 范例解析 |　对存货跌价准备的转回

假设2×20年2月28日,由于市场变化,甲存货的价格有所上升,其可变现净值上升为175 000.00元。应计提的存货跌价准备为5 000.00元,但前期已经计提了10 000.00元的存货跌价准备,则本期应冲减已计提的存货跌价准备为5 000.00元。

借:存货跌价准备　　　　　　　　　　　　　　　　5 000.00

　　贷:资产减值损失——计提的存货跌价准备　　　　5 000.00

2.2.6　存货清查的方法和账务处理

存货清查的方法主要包括两种方法,一种是实地盘点法,分为定期和不定期的实地盘点,通过点数、过磅、量尺等方法来确定实物资产的实有数量。另一种是技术推算法,通过量方、计尺等技术推算财产物资的结存数量,适用于成堆量大而价值不高,难以逐一清点的财产物资的清查。在实际操作中,一般使用实地盘点法。

存货清查的结果一般有三种：账实相符、盘亏和盘盈。清查完毕后，编制"存货盘存报告"，作为凭证处理的原始单据。存货发生的盘盈、盘亏，都应通过"待处理财产损溢"科目核算，查明原因后进行处理。

存货的盘盈一般是企业日常收发计量或计算上的差错所造成的，其盘盈的存货，可冲减当期的管理费用。按规定手续报经批准后，方能进行账务处理。

存货的盘亏分情况处理，属于定额内损耗以及存货日常收发计量上的差错，经批准后转作"管理费用"；属于过失人赔偿部分，转作"其他应收款"；属于自然灾害等不可抗拒的原因而发生的存货损失，转作"营业外支出——非常损失"；对于无法收回的其他净损失，经批准后经营损失部分计入"管理费用"科目，非常损失部分计入"营业外支出"科目。因非正常原因导致的存货盘亏，按规定不能抵扣的增值税进项税额应当转出。

| 范例解析 |　**存货盘盈的账务处理**

恺宾酒店经存货清查，盘盈办公用 A4 纸 10 包，已知该类纸每包单价为 18.00 元，盘盈时根据存货盘存报告编制以下会计分录。

借：周转材料——原料及主要材料　　　　　　　　180.00
　　贷：待处理财产损溢——待处理流动资产损溢　　　　180.00

经批准后，冲减管理费用

借：待处理财产损溢——待处理流动资产损溢　　　180.00
　　贷：管理费用　　　　　　　　　　　　　　　　　180.00

| 范例解析 |　**存货盘亏的账务处理**

恺宾酒店经存货清查，盘亏布草一批，该批布草价值 10 000.00 元，经查明属于仓管黄敏过失赔偿部分 3 000.00 元，其他部分属于自然灾害不可抗力造成，且保险公司拒绝赔偿，盘亏时编制以下会计分录。暂不考虑增值税问题。

借：待处理财产损溢——待处理流动资产损溢　　　10 000.00

　　　　　贷：周转材料——低值易耗品　　　　　　10 000.00

经批准后做如下处理。

　　借：其他应收款——应收赔偿款（黄敏）　　　3 000.00

　　　　营业外支出——非常损失　　　　　　　　7 000.00

　　　　贷：待处理财产损溢——待处理流动资产损溢　10 000.00

2.3　其他流动资产的账务处理

　　在会计上，流动资产的主要内容包括货币资金、存货、短期投资、应收票据、应收账款和其他应收款等，在此以外的流动资产可以归类为"其他流动资产"。前两节我们详细介绍了关于货币资金、存货的相关内容，下面将具体介绍流动资产中应收账款、应收票据和其他应收款等内容。

2.3.1　应收账款及应收票据的核算

　　应收账款是指企业在生产经营活动中因销售商品、提供劳务等，而应向购货或者接受劳务单位收取的各种款项，一般应该包括货款、增值税税额、代购买方垫付的包装费、各种运杂费等。在酒店餐饮业中，一般是提供劳务、住宿、餐饮等应收取的款项及增值税税额。

　　应收票据是由付款人或收款人签发、由付款人承兑、到期无条件付款的一种书面凭证，是企业持有未到期、尚未兑现的票据，是一种企业收取货款的权利。应收票据按承兑人不同可分为商业承兑汇票和银行承兑汇票，按其是否附息分为附息商业汇票和不附息商业汇票。

　　为了核算和反映企业的应收账款，酒店餐饮业应设置"应收账款"科目，科目借方反映应收账款尚未收回的金额，贷方反映客户归还支付的金额，期末借方余额，反映应收账款余额数。注意，期末余额还可能在贷方，表示购买方多支付的款项。

　　应收票据的核算，酒店餐饮业应设置"应收票据"科目，科目借方反映应收票据的面值，带息的票据应计利息通过"财务费用"科目核算；应收票据科目贷方反映背书转让或到期收回的票据金额，期末借方余额反映尚未收回的应收票据面值数。

下面来通过简单的实账处理学习这两个会计科目的账务处理。

│ 范例解析 │　**客人已离店但尚未收到房费的账务处理**

2×20 年 6 月 5 日，恺宾酒店入住协议单位甲旅游公司，6 月 6 日退房离店，本次团队入住 28 间标间，单价 245.00 元（不含税），已开具增值税专用发票，税率 6%，会计应做如下处理。

增值税销项税额 =245.00×28×6%=411.60（元）

应收账款 =245.00×28×（1+6%）=7 271.60（元）

借：应收账款——应收房费（甲旅游公司）　　　7 271.60

　　贷：主营业务收入——房费收入　　　　　　6 860.00

　　　　应交税费——应交增值税（销项税额）　　411.60

│ 范例解析 │　**应收承兑汇票的账务处理**

2×20 年 1 月 15 日，因恺宾酒店向外出租大厅一间办公室，供香蕉旅游公司使用，出租费用为 1 200.00 元 / 月（不含税），增值税税率为 9%，合同约定半年付一次租赁费。旅游公司开出为期 3 个月、面值为 7 848.00 元的不带息银行承兑汇票一张。恺宾酒店收到银行承兑汇票时的账务处理如下。

增值税销项税额 =1 200.00×6×9%=648.00（元）

借：应收票据——银行承兑汇票　　　　　　　7 848.00

　　贷：其他业务收入——租赁收入　　　　　　7 200.00

　　　　应交税费——应交增值税（销项税额）　　648.00

3 个月后，银行承兑汇票到期，恺宾酒店收到款项。

借：银行存款　　　　　　　　　　　　　　　7 848.00

　　贷：应收票据——银行承兑汇票　　　　　　7 848.00

2.3.2 其他应收款的账务处理

在酒店餐饮业中，其他应收款主要内容一般包括应收的各种罚款、赔款；应向职工收取的各种垫付款项，如垫付水电费；以及其他各种应收、暂付款项，如职工各种个人借款。

其他应收款应当按照相关项目或对方单位（或个人）进行明细核算，企业发生其他各种应收款项时，借记"其他应收款"科目，贷记有关科目；收回或转销各种款项时，借记"库存现金"或"银行存款"等科目，贷记"其他应收款"科目。"其他应收款"科目期末借方余额，反映企业尚未收回的其他应收款。

│ 范例解析 │ 应收员工赔偿款的账务处理

2×20 年 8 月 5 日，因恺宾酒店前台员工工作失误，丢失房卡 10 张，每张成本 50.00 元，酒店已先行垫付，现要求员工赔偿损失共 500.00 元，会计处理如下。

借：其他应收款——赔偿款——××   500.00

    贷：库存现金   500.00

收到员工赔偿款。

借：库存现金   500.00

    贷：其他应收款——赔偿款——××   500.00

2.3.3 坏账准备的账务处理

坏账准备属于企业应收账款、其他应收款等的备抵账户。根据我国现行企业会计准则的规定，企业采用备抵法核算坏账损失，并设置"坏账准备"科目；企业每一会计期末应当估计坏账损失（坏账损失即企业无法收回或收回可能性极小的款项），并计提坏账准备；当坏账实际发生时，冲减已计提的坏账准备，同时转销相应的应收账款余额。

"坏账准备"科目借方反映已确认为坏账应予以注销的数额，贷方反映计提的坏账准备数额,贷方余额反映企业已计提但尚未转销的坏账准备。计提时,借记"信用减值损失——计提的坏账准备"科目,贷记"坏账准备"科目。

对于确实无法收回的应收款项,按管理权限报经批准作为坏账损失后,冲销提取的坏账准备,借记"坏账准备"科目,贷记"应收账款"等科目。

在备抵法下,坏账准备的计提方法一般有四种,分别是余额百分比法、账龄分析法、销货百分比法和个别认定法。下面以余额百分比法举例来说明具体操作。

| 范例解析 | 对应收款项计提坏账准备

恺宾酒店坏账核算采用备抵法,按年末应收账款的2‰计提坏账准备。2×19年年末应收账款余额为200 000.00元;2×18年末"坏账准备"科目无余额,有关会计处理如下。

坏账准备提取数 = 本期应收账款年末余额 × 计提百分比

本期坏账应提取数 = 坏账准备提取数 − 前期已提取数

$$=200\ 000.00 \times 2‰ -0.00$$

$$=400.00（元）$$

借:信用减值损失——计提的坏账准备   400.00

　　贷:坏账准备   400.00

知识延伸 | 计提坏账准备的其他方法

除前述提到的余额百分比法外,还有账龄分析法,是指根据应收账款时间长短来估计坏账损失的一种方法,首先将应收账款按时间长短进行简单分类,然后分别确定不同的坏账准备计提百分比,计算公式为:

当期应计提的坏账准备 = ∑（期末各账龄组应收账款余额 × 各账龄组坏账准备计提百分比）

销货百分比法,是指根据企业销售货物的总额（或赊销额）来确定一定的百分比,以此来估计坏账损失的一种方法。计算公式为:

当期应计提的坏账准备 = 本期销售总额（或赊销额）× 坏账准备计提比例

2.3.4 预付账款的核算

预付账款是指企业按照购货合同的规定，预先以货币资金或货币等价物支付给供应单位的款项。预付账款属于企业的短期债权。例如在酒店餐饮业中，向供应商购买货物并先支付了款项。

企业应设置"预付账款"科目，核算企业按照购货合同规定预付给供应单位的款项。企业因购货而预付的款项，借记"预付账款"科目，贷记"银行存款"等科目。收到所购物资后，按发票等凭证计入成本，贷记"预付账款"科目。"预付账款"科目期末借方余额，反映企业实际预付的款项。

│ 范例解析 │　向物料供应商预付货物款

恺宾酒店从天祥公司采购一批计生用品（免税项目），按照购货合同，预付给对方购货款 10 000.00 元。

借：预付账款——天祥公司　　　　　　　　　　　10 000.00

贷：银行存款　　　　　　　　　　　　　　　　　10 000.00

恺宾酒店收到货物及增值税专用发票，发票注明货款 12 000.00 元，"税率"栏注明免税。

应补款项 =12 000.00−10 000.00=2 000.00（元）

借：库存商品　　　　　　　　　　　　　　　　　12 000.00

贷：预付账款——天祥公司　　　　　　　　　　　10 000.00

银行存款　　　　　　　　　　　　　　　2 000.00

知识延伸 │ 会计上的其他流动资产

　　值得注意的是，会计术语上的其他流动资产，其所指的范围是：除货币资金、短期投资、应收票据、应收账款、其他应收款和存货等流动资产以外的流动资产。除此以外，企业"待处理流动资产损益"科目的余额未处理转账的，一般编制报表时挂在"其他流动资产"项目中。

2.4　固定资产的账务核算

固定资产是指企业为生产产品、提供劳务、出租或者经营管理而持有的、使用时间超过一个会计年度，价值达到一定标准的非货币性资产，包括房屋、建筑物、机器、机械、运输工具以及其他与生产经营活动有关的设备、器具、工具等。

固定资产使用时间超过一个会计年度，意味着其属于非流动资产。固定资产是企业重要的资产组成部分，下面来了解其取得、使用和处置的一系列处理办法。

2.4.1　固定资产取得的账务核算

固定资产的取得方式一般包括外购、自行建造、融资租入和接受投资等，不同的取得方式，初始计量的方法也不同。下面我们以外购固定资产为例来进行说明。

固定资产应当按照成本进行初始计量。固定资产的成本是指企业购建某项固定资产达到预定可使用状态前所发生的一切合理、必要的支出。这些支出包括直接发生的价款、运杂费、相关税费、包装费和安装成本等，也包括间接发生的费用，如应承担的借款利息、外币借款折算差额以及应分摊的其他间接费用。一般安装费发生在购入的设备需要安装的情形中。取得固定资产时借记"固定资产"科目。

| 范例解析 |　外购固定资产直接入库的账务处理

恺宾酒店于 2×20 年 4 月购入一台不需要安装的打印机，发票注明价格为 15 000.00 元，增值税税额 1 950.00 元，款项全额付清，会计分录如下。

借：固定资产——打印机　　　　　　　　　　　　15 000.00

　　应交税费——应交增值税（进项税额）　　　　 1 950.00

　　贷：银行存款　　　　　　　　　　　　　　　　　　16 950.00

| 范例解析 | 外购固定资产需要安装的账务处理

恺宾酒店于 2×20 年 4 月购入一台需要安装的设备，设备买价 35 000.00 元，增值税税额 4 550.00 元，安装费 1 000.00 元，款项全部以银行存款结清，编制会计分录如下。

借：在建工程　　　　　　　　　　　　　　　　　　 35 000.00
　　应交税费——应交增值税（进项税额）　　　　　 4 550.00
　　　贷：银行存款　　　　　　　　　　　　　　　　 39 550.00

支付安装费用。

借：在建工程　　　　　　　　　　　　　　　　　　 1 000.00
　　　贷：银行存款　　　　　　　　　　　　　　　　 1 000.00

设备安装完毕交付使用。

借：固定资产　　　　　　　　　　　　　　　　　　 36 000.00
　　　贷：在建工程　　　　　　　　　　　　　　　　 36 000.00

2.4.2　固定资产折旧的方法及账务核算

固定资产在使用过程中，都存在一定磨损，所以，会计上会选择不同的方法对固定资产进行折旧，并对应计折旧额进行系统分摊。其中，应计折旧额是指固定资产的原价扣除其预计净残值后的余额；如已对固定资产计提减值准备，还应在折旧前扣除已计提的固定资产减值准备累计金额。

《企业会计准则第 4 号——固定资产》规定，企业应当对所有固定资产计提折旧。但是，已提足折旧仍继续使用的固定资产和单独计价入账的土地除外。固定资产应当按月计提折旧，当月增加的固定资产，下月开始计提折旧；当月减少的固定资产，当月仍需计提折旧。

（1）固定资产折旧办法

固定资产应当根据其所含经济利益的预期实现方式来选择折旧方法，其折旧方法主要包括：年限平均法、工作量法、双倍余额递减法和年数总和法等。折旧方法一经确定，不得随意变更。如需变更，应在会计报表附注中予以说明。

◆ 年限平均法。

年限平均法又称直线法，是按使用年限平均地计提折旧的方法。采用这种方法计算的折旧额每期相等。其计算公式如下。

年折旧额=（固定资产原值-净残值）÷预计使用年限（年）

月折旧额=年折旧额÷12

◆ 工作量法。

工作量法是指按实际工作量计算每期折旧额的方法，计算公式如下。

单位工作量折旧额=固定资产原值（1-预计净残值率）÷总工作量

某项固定资产月折旧额=该项固定资产当月工作量×单位工作量折旧额

◆ 双倍余额递减法。

双倍余额递减法是在不考虑固定资产残值的情况下，根据双倍直线折旧率和固定资产净值来计算折旧的方法。值得注意的是，在最后两年，应当采用直线法进行折旧。其计算公式如下。

年折旧额=（固定资产原值-已计提的累计折旧额）×2÷预计使用年限

◆ 年数总和法。

年数总和法是指以固定资产的原值减去预计净残值后的净额，去乘以一个以固定资产尚可使用年限逐年递减数字为分子、以预计使用寿命逐年数字之和为分母的分数的一个方法。其计算公式如下。

年折旧额=（固定资产原值-预计净残值）×尚可使用年限÷预计使用寿命年数总和

（2）固定资产折旧方法对应的账务核算

酒店餐饮业在计提固定资产折旧时，应当借记"管理费用""销售费用"等科目，贷记"累计折旧"科目。

| 范例解析 | 固定资产常用方法计提折旧的账务处理

① 恺宾酒店拥有一栋房产，其原值为 2 800 000.00 元，预计使用年限为 40 年，预计残值 140 000.00 元，使用年限平均法计提折旧，该房产折旧账务处理如下。

月折旧额 =（2 800 000.00−140 000.00）÷40÷12=5 541.67（元）

借：管理费用——折旧费　　　　　　　　　　　5 541.67

　　贷：累计折旧　　　　　　　　　　　　　　　　5 541.67

② 恺宾酒店拥有一辆大型巴士，一般用于接送机场客人，原值 45.00 万元，预计使用 10 年，每年行驶 12 000 公里，预计净残值为 10%，2×20 年 10 月行驶 1 200 公里，使用工作量法计提折旧，其计算及账务处理如下。

单位工作量折旧额 = 450 000.00×（1−10%）÷（12 000.00×10）=3.38（元）

2×20 年 10 月折旧额 =3.38×1 200=4 056.00（元）

借：管理费用——折旧费　　　　　　　　　　　4 056.00

　　贷：累计折旧　　　　　　　　　　　　　　　　4 056.00

③ 恺宾酒店一项固定资产原值 20 000.00 元，预计净残值为 500.00 元，使用双倍余额递减法计提折旧，预计使用期限 5 年，会计处理如下。

第一年折旧额 =20 000.00×2÷5=8 000.00（元）

第二年折旧额 =（20 000.00−8 000.00）×2÷5=4 800.00（元）

第三年折旧额 =（20 000.00−8 000.00−4 800.00）×2÷5=2 880.00（元）

第四年折旧额 = 第五年折旧额 =（20 000.00−8 000.00−4 800.00−2 880.00−500.00）÷2=1 910.00（元）

计提第一年折旧额。

借：管理费用——折旧费　　　　　　　　　　　8 000.00

　　贷：累计折旧　　　　　　　　　　　　　　　　8 000.00

以后 4 年根据应计提折旧额按照相同会计分录做账。

④ 恺宾酒店 2×18 年 12 月购入一台固定资产，原值 100 000.00 元，预

计使用 4 年，净残值 2 000.00 元，用年数总和法计算 2×19—2×20 年折旧额。

$2×19$ 年折旧额 =（100 000.00−2 000.00）×4÷10=39 200.00（元）

$2×20$ 年折旧额 =（100 000.00−2 000.00）×3÷10=29 400.00（元）

借：管理费用——折旧费   39 200.00

    贷：累计折旧   39 200.00

2×20 年根据应计提折旧额按照相同的会计分录做账。

2.4.3　固定资产清理的账务处理

在实际工作中，会因为各种原因导致固定资产报废、损失等情况的发生，从而涉及淘汰更新这些固定资产。处理时需转入清理，而"固定资产清理"科目就是在清理过程中的一个过渡科目，用来核算企业清理过程中发生的清理费用和清理收入。

（1）固定资产转入清理的账务处理

固定资产转入清理，按其账面价值，借记"固定资产清理"科目，按已计提的折旧额，借记"累计折旧"科目；若计提了减值准备，按已计提的减值准备，借记"固定资产减值准备"科目；按固定资产原价，贷记"固定资产"科目。下面通过案例来进行说明。

| 范例解析 |　热水器设备转入清理的账务处理

恺宾酒店拥有一台大型热水器设备，经批准提前报废，该设备的原价是 50 000.00 元，已计提累计折旧 40 000.00 元，未计提减值准备，将其转入清理，会计处理如下。

借：固定资产清理   10 000.00

    累计折旧   40 000.00

    贷：固定资产——热水器   50 000.00

（2）发生清理费用的账务处理

在清理固定资产过程中，会产生拆除费、运输费等相关费用，应该借记"固定资产清理"科目，贷记"银行存款"科目。

| 范例解析 | 固定资产清理过程支付清理费用的账务处理

接上个案例，在清理过程中，产生清理费用 500.00 元，酒店已用现金支付，会计处理如下。

借：固定资产清理　　　　　　　　　　　　　　　500.00

　　贷：银行存款　　　　　　　　　　　　　　　　500.00

（3）残料变价收入及保险赔偿的账务处理

若变价出售该固定资产的残料，收到变价收入，应借记"银行存款"等科目，贷记"固定资产清理"科目；计算收到保险公司的赔偿时，借记"其他应收款"科目，贷记"固定资产清理"科目，收到赔偿款时，借记"银行存款"科目，贷记"其他应收款"科目。

固定资产清理完毕后若是净损益，属于自然灾害等非正常原因造成的损失，借记"营业外支出——非常损失"科目，属于生产经营期间正常的处置损失，借记"资产处置损益"科目，按结转金额，贷记"固定资产清理"科目；若是净收益，借记"固定资产清理"科目，贷方则根据生产经营期间正常的处置收益贷记"资产处置损益"科目，或根据自然灾害等非正常原因造成的处置收益贷记"营业外收入——非流动资产处置利得"科目。

| 范例解析 | 清理热水器收到残料变价收入及保险赔偿的账务处理

接上个案例，清理该热水器，残料变价收入 1 200.00 元，接受保险公司赔偿 5 000.00 元，上述款项已通过银行收到，账务处理如下。

借：银行存款　　　　　　　　　　　　　　　　1 200.00

　　其他应收款——保险赔偿　　　　　　　　　　5 000.00

　　贷：固定资产清理　　　　　　　　　　　　　6 200.00

借：银行存款   5 000.00

  贷：其他应收款——保险赔偿   5 000.00

结转固定资产净损失。

固定资产净损失＝10 000.00+500.00-6 200.00=4 300.00（元）

借：资产处置损益——处置非流动资产净损失 4 300.00

  贷：固定资产清理   4 300.00

2.4.4　固定资产清查的账务处理

在酒店餐饮业中，为了保证固定资产的完整、安全，我们有必要对其进行实地盘点，来确保固定资产的实际使用和结存状况，每年至少一次。若清查过程中发现固定资产账实不符，则应该查明原因进行处理。

（1）固定资产盘亏的原因

固定资产盘亏的原因一般包括如下六点。

◆ 丢失，一般因企业人为原因保管不善。

◆ 被盗。

◆ 记账错误导致实际比记录少。

◆ 实际消耗报废，造成自然损耗。

◆ 因自然灾害或意外等原因导致报废或损失。

◆ 其他无法查明原因。

（2）固定资产盘亏的账务核算

固定资产盘亏损失计入当期损益，按其账面价值，借记"待处理财产损溢——待处理固定资产损溢"科目；按已计提的折旧额，借记"累计折旧"科目，若计提了减值准备，按已计提的减值准备，借记"固定资产减值准备"科目；按固定资产原价，贷记"固定资产"科目。

当按照管理权限报经批准后，可收回的保险赔偿或员工过失赔偿，借记"其他应收款"科目；应计入营业外支出的，借记"营业外支出——盘亏损失"科目，贷记"待处理财产损溢"科目。

| 范例解析 | 固定资产盘亏的账务核算

恺宾酒店年末清查固定资产，发现丢失两台电脑，原价 11 000.00 元，已计提折旧 5 500.00 元。经查明，电脑丢失的原因在于仓库管理员黄敏看守不当。经董事会决定，由黄敏赔偿 1 000.00 元。账务处理如下。

借：待处理财产损溢——待处理固定资产损溢　　　　5 500.00

　　累计折旧　　　　　　　　　　　　　　　　　　5 500.00

　　贷：固定资产——电脑　　　　　　　　　　　　　　　　11 000.00

报经董事会批准后确认盘亏损失。

盘亏损失 =5 500.00−1 000.00=4 500.00（元）

借：其他应收款——赔偿款（黄敏）　　　　　　　　1 000.00

　　营业外支出——盘亏损失　　　　　　　　　　　4 500.00

　　贷：待处理财产损溢——待处理固定资产损溢　　　　　　5 500.00

2.5　其他非流动资产的核算

在餐饮服务企业的经营过程中，非流动资产的增加在一定意义上反映了企业经营状况良好，有一定的盈利能力，是企业"财富"的一种体现。非流动资产除了上一节中介绍的固定资产以外，还包括无形资产和长期待摊费用等。本节就来具体看看这些非流动资产的账务处理该怎么做。

2.5.1　取得无形资产的账务核算

无形资产是指企业拥有或者控制的没有实物形态的可辨认非货币性资产。一般包括专利权、商标权、著作权和土地使用权等。在酒店餐饮业中，酒店星级也属于一种无形资产，预期能给酒店带来经济利益。

无形资产通常是按实际成本计量，指取得无形资产并使之达到预定用途而发生的全部支出，包括购买价款及相关税费；或按照公允的合同价款确定其成本。

| 范例解析 |　**使用其他酒店商标权的账务处理**

2×20 年 7 月 1 日，爱斯五星酒店与恺宾酒店签订协议，达成使用爱斯酒店商标名称的合作协议。该商标权按照合同约定价值 100 000.00 元，假设合同约定价值与公允价值相同，已支付上述款项。会计处理如下。

借：无形资产——商标权　　　　　　　　　　100 000.00

　　贷：银行存款　　　　　　　　　　　　　　　100 000.00

2.5.2　无形资产摊销的账务核算

使用寿命有限的无形资产应当进行摊销，摊销金额为其成本扣除预计残值后的余额。已计提减值准备的无形资产，还应在摊销前扣除已计提的无形资产减值准备累计金额。

无形资产摊销一般计入当期损益，其摊销的会计原理与固定资产折旧原理相同，但无形资产摊销规则与固定资产不同。当月增加的无形资产，当月开始摊销；当月减少的无形资产，当月不再摊销。摊销时，设置"累计摊销"科目进行核算。

| 范例解析 |　**无形资产摊销的账务处理**

接 2.5.1 案例，该商标权使用寿命 5 年，假定残值为零，使用直线法摊销。会计处理如下。

每年摊销额 =100 000.00÷5=20 000.00（元）

借：管理费用——商标权　　　　　　　　　　20 000.00

　　贷：累计摊销　　　　　　　　　　　　　　　20 000.00

2.5.3　长期待摊费用的账务核算

根据《企业会计准则应用指南》规定，长期待摊费用用于核算企业已经发生、但应由本期和以后各期负担的、分摊期限在一年以上的各项费用，如以经营租赁方式租入的固定资产发生的改良支出。

企业发生的长期待摊费用，借记"长期待摊费用"科目，贷记"银行存款""原材料"等科目。摊销长期待摊费用时，借记"管理费用""销售费用"等科目，贷记本科目。

│范例解析│　对经营租入设备改良的账务处理

恺宾酒店对经营租赁方式租入的发电设备进行改良，共发生改良支出 12 000.00 元，改良期间的间隔期为 4 年，已通过银行存款付清。暂不考虑增值税，会计处理如下。

借：长期待摊费用——改良支出　　　　　　　　12 000.00

　　贷：银行存款　　　　　　　　　　　　　　　　12 000.00

│范例解析│　长期待摊费用摊销的账务处理

接上个案例，恺宾酒店按照改良期间 4 年平均分摊，每月摊销 250.00 元，会计处理如下。

借：管理费用　　　　　　　　　　　　　　　　250.00

　　贷：长期待摊费用——改良支出　　　　　　　　250.00

知识延伸│会计上的非流动资产

值得注意的是，非流动资产一般包括：可供出售金融资产、持有至到期投资、长期应收款、长期股权投资、投资性房地产、固定资产、在建工程、工程物资、无形资产、开发支出、商誉、长期待摊费用、递延所得税资产和其他非流动资产。在酒店餐饮业中，大部分非流动资产使用较少。

酒店餐饮业负债的账务处理

第3章

　　一个正常经营的企业，"有资"就一定"有债"。财会行业有一句俗语："有借必有贷，借贷必相等"，将它改编到此也具有相同的道理，"有资必有债，资债同存在"。本章将具体介绍在酒店餐饮业中，各类负债的相关账务处理。

3.1　短期借款及利息的账务核算

在很多人的认知里都知道企业要缴税，但可能不知道税收是什么？企业为什么需要纳税？税收征管的主体又是什么？缴纳主体称作什么？本节将具体讲解企业纳税的基础知识。

3.1.1　短期借款种类及借入的账务处理

在酒店餐饮业中，例如在旅游淡季，营业收入入不敷出，同时又面临房租缴纳等问题时，就会考虑借入短期借款。那么因为什么借入，就会使短期借款种类存在不同的形式，财务上如何区分？如何处理？

（1）短期借款的种类

短期借款的种类一般有以下几种形式。

经营周转借款。 企业因流动资金不能满足正常的经营需求，无法正常周转时，就会借入经营性资金。

临时借款。 企业因季节性和临时性经营等客观原因，正常周转的资金不能满足需求时，一般借入还款周期在 6 个月以下的借款。

票据贴现借款。 有银行承兑汇票或商业承兑汇票的，发生经营周转困难时，申请票据贴现的借款，期限一般不超过 3 个月。

专项储备借款。 商业批发企业经营国家批准储备商品而向银行借入的款项。这种借款必须实行专款专用，借款期限根据批准的储备期确定。

（2）借入短期借款的账务处理

在酒店餐饮业中，为了如实反映和监督企业短期借款借入和归还的情况，应设置"短期借款"科目，按照债权人或者借款种类设置明细账，贷方登记借入的短期借款金额，借方登记归还的短期借款金额。期末贷方余额表示尚未偿还的借款本金，列示在资产负债表负债方的流动负债项下。

｜范例解析｜　借入短期借款的账务处理

恺宾酒店 2×20 年 9 月 1 日因资金周转问题，从银行临时贷款 500 000.00

元，借款期限 1 年，年利率 8%，酒店会计杨阳应编制以下会计分录。

借：银行存款　　　　　　　　　　　　　　　500 000.00

　　贷：短期借款——临时借款　　　　　　　　　　　500 000.00

3.1.2　计提及支付短期借款利息的核算

短期借款利息支出，是企业为筹集资金而发生的耗费，应作为一项财务费用计入当期损益。由于利息支付的方式不同，其会计核算也不完全一样。若短期借款的利息按月计收，或还本付息一次进行且利息数额不大时，利息费用可直接计入当期损益。

按照权责发生制原则，当月应负担的利息费用，即使在当月没有支付，也应作为当月的利息费用处理，应在月末计提当月的利息费用数额。

计提时，借记"财务费用"科目，贷记"应付利息"科目。

支付利息时，借记"应付利息"科目，贷记"银行存款"等科目。

｜范例解析｜　月末计提利息的账务处理

接上个案例，2×20 年 9 月末，恺宾酒店按月计提短期借款利息，会计编制分录如下。

月末计提应付利息 =500 000.00×8%÷12=3 333.33（元）

借：财务费用——利息支出　　　　　　　　　3 333.33

　　贷：应付利息　　　　　　　　　　　　　　　3 333.33

以后月末账务处理同上，直到归还所有借款本金和利息。

｜范例解析｜　支付利息的账务处理

2×20 年 10 月 5 日，恺宾酒店按月支付利息，到期还本。当日支付上月借款利息，相关账务处理如下。

借：应付利息　　　　　　　　　　　　　　　3 333.33

　　贷：银行存款　　　　　　　　　　　　　　　3 333.33

3.1.3 归还短期借款的账务处理

企业按期偿还借款本金时，借记"短期借款"科目，贷记"银行存款"科目。

| 范例解析 | 到期归还借款本金的账务处理

假设恺宾酒店 2×21 年 9 月按期归还借款本金，则相关账务处理如下。

借：短期借款——临时借款　　　　　　　　　　500 000.00

　　贷：银行存款　　　　　　　　　　　　　　　　500 000.00

3.2 应付账款及应付票据的核算

在酒店餐饮业中，因购买材料、采购一次性用品或者布草、商品等物资时，可能存在应付却尚未支付的款项，这种情况下就会存在应付账款、应付票据等，这是企业的一种债务。

3.2.1 酒店购入物料商品尚未付款的核算

企业在正常生产经营过程中，因购买材料、商品或接受劳务等原因，应付而尚未支付给供应单位的款项就是应付账款。在会计上，是买卖双方在购销活动中由于取得物资与支付货款在时间上不一致而产生的负债。

而应付账款的入账时间，以所购买物资所有权有关的风险和报酬已经转移或劳务已经接受为标志。实际工作中，货物和发票同时到达的，则等待货物验收入库后，按照发票记载登记入账。

如果是物资和发票账单未同时到达的情况，由于应付账款需根据发票账单登记入账，而有时货物已到，发票账单却要间隔较长时间才能到达，但这笔负债已经成立，因此作为一项负债反映。

在会计核算时，企业应设置"应付账款"科目，按供应单位设置二级明细科目。贷方登记企业购进物料、商品或接受劳务等应付给供应单位的款项，借方登记已归还的款项，期末贷方余额反映尚未归还的款项。

| 范例解析 | 　酒店购入物料商品，货物已收到而发票未到的账务处理

恺宾酒店是增值税一般纳税人，2×20 年 3 月 10 日，恺宾酒店向甲布草供应商购入布草一批，不含税货款 150 000.00 元，税率 13%，货物已验收入库，发票未到，应付账款按实际发生额计量，相关账务处理如下。

增值税进项税额 =150 000.00×13%=19 500.00（元）

借：周转材料——低值易耗品　　　　　　　　 150 000.00

　　应交税费——应交增值税（进项税额）　　 19 500.00

　　贷：应付账款——甲布草供应商　　　　　　　　 169 500.00

等到发票供货单等收到后，支付货款，会计处理如下。

借：应付账款——甲布草供应商　　　　　　　 169 500.00

　　贷：银行存款　　　　　　　　　　　　　　　　 169 500.00

| 范例解析 | 　接受花草租赁服务，未付款的账务处理

恺宾酒店 2×20 年 2 月 1 日起，与乙花草租赁公司签订协议，租赁花草绿植等植物，协议约定每月租赁费 1 000.00 元，次月 5 个工作日内付款。2 月末相关会计处理如下。

借：管理费用——租赁费　　　　　　　　　　 1 000.00

　　贷：应付账款——乙花草租赁商　　　　　　　　 1 000.00

知识延伸 | 关于应付账款对账的注意事项

在对账前，财务部门的会计对供应商提供的对账资料应进行初步审核，不满足条件的对账资料应要求供应商补充完善，并审核如下内容。

1. 对于只提供余额无明细账目的对账资料，不予对账。

2. 对于供应商直接依据其销售部门往来资料而非财务部门账目提供对账资料的，不予对账。

3. 对于多年无业务往来的供应商前来对账，即使经过企业有权人士签批，供应商的对账资料也必须加盖供应商公章（或财务专用章），或者提供加盖公章的介绍信，否则不予对账。

4. 对于对账手续和账目资料齐全的供应商，应及时对账并出具对账单。

5. 对于发票丢失又无法确认是采购企业责任的，采购企业不能在对账单上确认该项债务，应要求供应商调减该债权。

6. 为方便对账，应要求供应商下次对账时携带本次的对账单或其复印件。

3.2.2　购入商品应付票据的核算

应付票据是指企业在商品购销活动和对工程价款进行结算时，因采用商业汇票结算方式而产生的、是由出票人出票，委托付款人在指定日期无条件支付确定金额给付款人或持票人的商业汇票。

商业汇票分为银行承兑汇票和商业承兑汇票。在我国，纸质商业汇票的付款期限最长为 6 个月，电子承兑汇票的付款期限从出票日至到期日不超过一年，因而应付票据即短期应付票据，属于流动负债。

按是否带息分为带息应付票据和不带息应付票据两种。

为了反映和监督企业商业汇票的开出、承兑及支付情况，企业设置"应付票据"科目，贷方登记开出汇票面值及按期计提利息的票据应付利息，借方登记到期支付的票据本息，期末贷方余额反映企业尚未到期的应付票据本息。

| 范例解析 |　**开出不带息商业承兑汇票支付货款的账务处理**

恺宾酒店购入一批用于售卖的计生用品，合计金额 12 000.00 元，开出两个月无息商业承兑汇票，支付购货款。根据开出的商业承兑汇票编制会计分录如下。

借：库存商品——计生用品　　　　　　　12 000.00

　　贷：应付票据——商业承兑汇票　　　　　　12 000.00

2 个月汇票到期后，根据付款凭证，编制会计分录如下。

借：应付票据——商业承兑汇票　　　　　12 000.00

　　贷：银行存款　　　　　　　　　　　　　12 000.00

上面的实账处理是关于不带息的商业承兑汇票，下面再来了解一下带息应付票据的核算。

带息应付票据的核算与不带息应付票据核算的不同之处是，期末计提利息，计入当期财务费用，借记"财务费用"科目，贷记"应付票据"科目。

| 范例解析 | **开出带息商业承兑汇票支付货款的账务处理**

恺宾酒店 2×20 年 7 月 1 日购入一批用于餐饮部的食材及原材料，合计金额 120 000.00 元，增值税税率 9%，开出 3 个月商业承兑汇票，面值 130 800.00 元，票面利率 6%，原材料已验收入库。根据上述描述做处理。

2×20 年 7 月 1 日的账务处理。

增值税进项税额 =120 000.00×9%=10 800.00（元）

借：原材料——原料及主要材料　　　　　　　120 000.00

　　应交税费——应交增值税（进项税额）　　 10 800.00

　　　贷：应付票据——商业承兑汇票　　　　　　130 800.00

2×20 年 7 月末的账务处理。

财务费用 =130 800.00×6%÷12=654.00（元）

借：财务费用　　　　　　　　　　　　　　　　654.00

　　　贷：应付票据——商业承兑汇票　　　　　　　654.00

2×20 年 8 月末、9 月末会计处理同上。

支付货款时的账务处理。

应付票据 =130 800.00+654.00×3=132 762.00（元）

借：应付票据——商业承兑汇票　　　　　　　132 762.00

　　　贷：银行存款　　　　　　　　　　　　　132 762.00

3.3　应付职工薪酬的账务处理

一个企业正常运转过程中，每一个部门都离不开职工的支持与劳作，只有企业职工辛勤付出，才会有营业利润，同时，企业也要向员工支付相应的劳动报酬。

3.3.1　应付职工薪酬的内容及其确认核算

应付职工薪酬是企业会计科目中负债类科目之一。

职工薪酬是指企业为获得职工提供的服务或解除劳动关系而给予各种形式的报酬以及其他相关支出。

在我国，职工是指包括与企业订立正式劳动合同的所有人员，含全职、兼职和临时职工；也包括未与企业订立正式劳动合同、但由企业正式任命的人员，如董事会成员、监事会成员和内部审计委员会成员。

根据《企业会计准则第 9 号——职工薪酬》的规定，职工薪酬包括如下几项。

◆ 职工工资、奖金、津贴和补贴，包括计时工资、计件工资等，以及相关补贴。

◆ 职工福利费。

◆ 医疗保险费、养老保险费、失业保险费、工伤保险费和生育保险费等社会保险费。

◆ 住房公积金。

◆ 工会经费和职工教育经费。

◆ 非货币性福利，包括企业以自己的产品或外购商品发放给职工作为福利，或提供自由资产或租赁资产给职工使用。

◆ 因解除与职工的劳动关系给予的补偿。

◆ 其他与获得职工提供的服务相关的支出，比如给职工以权益形式结算的认股权。

为了确认并核算应付职工薪酬的分配与结算情况，企业应当设置"应付职工薪酬"科目，贷方登记已分配计入有关成本费用项目的职工薪酬的数额，借方登记实际发放职工薪酬的数额，期末贷方余额，反映企业应付未付的职工薪酬。

"应付职工薪酬"科目应当按照"工资""职工福利""社会保险费""住

房公积金""工会经费""职工教育经费"和"非货币性福利"等应付职工薪酬项目设置明细科目，进行明细核算。

企业应当在职工为其提供服务的会计期间，根据职工提供服务的受益对象，确认相关成本或当期费用。

比如在酒店餐饮业中，财务部等行政管理部门的员工工资，计入"管理费用"科目；销售部的销售人员工资，计入"销售费用"科目，同时贷记"应付职工薪酬"科目。

| 范例解析 | 计提确认当期应付职工薪酬的账务处理

2×20 年 10 月，恺宾酒店当月应付工资 300 000.00 元，月份终了，分配工资，管理人员工资 80 000.00 元，销售人员工资 60 000.00 元，客房部员工工资 75 000.00 元，前台员工工资 30 000.00 元，工程部员工工资 40 000.00 元，保安部员工工资 15 000.00 元。

根据所在地政府规定，按职工工资总额 10%、12%、0.8%、10.5% 计提医疗保险费、养老保险费、失业保险费、住房公积金，缴纳给当地社会保险经办机构和住房公积金管理机构，公司按照工资总额 2% 计提职工福利费，按职工工资总额 2% 和 1.5% 计提工会经费和职工教育经费。

月末确认计提相关账务处理如下。

应计入管理费用的职工薪酬金额 ＝（80 000.00＋40 000.00＋15 000.00）＋（80 000.00＋40 000.00＋15 000.00）×（10%＋12%＋0.8%＋10.5%＋2%＋2%＋1.5%）＝187 380.00（元）

应计入销售费用的职工薪酬金额 ＝（60 000.00＋75 000.00＋30 000.00）＋（60 000.00＋75 000.00＋30 000.00）×（10%＋12%＋0.8%＋10.5%＋2%＋2%＋1.5%）＝229 020.00（元）

借：管理费用　　　　　　　　　　　　　187 380.00
　　销售费用　　　　　　　　　　　　　229 020.00
　　　贷：应付职工薪酬——工资　　　　　　　　300 000.00

——职工福利	6 000.00
——社会保险费	68 400.00
——住房公积金	31 500.00
——工会经费	6 000.00
——职工教育经费	4 500.00

3.3.2　应付职工薪酬支付的账务核算

发放职工薪酬时,借记"应付职工薪酬"科目,贷记"银行存款"等科目。应代扣代缴的个人所得税费用,计入"应交税费"科目。

同时,将应支付的其他相关保险费、住房公积金等其他费用,也计入"应付职工薪酬"科目,待缴纳时,再结转。

┃ 范例解析 ┃　发放工资时的账务处理

接上个案例,2×20 年 11 月 5 日,发放上月工资,合计工资 300 000.00 元,应代扣代缴个人所得税 2 000.00 元。根据社保及住房公积金相关规定,个人应承担社会保险费、住房公积金分别为 7 920.00 元、15 750.00 元,应扣员工罚款 2 000.00 元。相关账务处理如下。

借:应付职工薪酬——工资	300 000.00
贷:银行存款	272 330.00
应交税费——应交个人所得税	2 000.00
其他应收款——社会保险费(个人部分)	7 920.00
——住房公积金(个人部分)	15 750.00
营业外收入——罚款	2 000.00

┃ 范例解析 ┃　缴纳相关费用的账务处理

接上个确认计提时的案例,支付相关费用、代缴个人所得税时的账务处理如下。

借：应付职工薪酬——职工福利   6 000.00

     ——工会经费   6 000.00

     ——职工教育费   4 500.00

     ——社会保险费   68 400.00

     ——住房公积金   31 500.00

 其他应付款——社会保险费（个人部分） 7 920.00

     ——住房公积金（个人部分） 15 750.00

 应交税费——应交个人所得税   2 000.00

贷：银行存款   142 070.00

3.3.3　发放非货币性职工福利的核算

在酒店餐饮业中，企业向职工提供的非货币性福利，应当分为下面几种情形。

①以自产产品或外购商品发放给职工作为福利。

②将拥有的房屋或者租赁的房屋等资产无偿提供给职工使用。

③以低于成本的价格向职工出售住房或者提供免费的医疗保健服务等。

为了反映非货币性福利的支付与分配情况，应在"应付职工薪酬"科目下设置"非货币性福利"明细科目。

按照企业会计准则的规定，应当根据职工提供服务的受益对象，按照该产品或商品的公允价值计入相关资产成本或当期损益，同时确认应付职工薪酬，即借记"生产成本""制造费用"和"管理费用"等科目，贷记"应付职工薪酬"科目。

因为《增值税暂行条例及其实施细则》规定，自产、委托加工的货物用于集体福利或个人消费属于视同销售货物行为，所以需要确认收入和增值税销项税额。

注意，以外购商品作为非货币性福利提供给职工的，其进项税额不得从销项税额中抵扣，已经抵扣的，要做进项税额转出处理。实际发放非货币性福利时，在借记"应付职工薪酬"科目的同时，贷记相关科目，要区别自产货物和外购货物，同时结转产品的销售成本。

其他非货币性福利也要通过"应付职工薪酬"科目核算，并根据受益对象计入相关资产成本或当期损益。

在酒店餐饮业中，大多数是以外购产品作为非货币性职工福利发放给职工，或者免费提供车辆或住房给职工，因此下面我们就以这两种情况为例来具体了解非货币性福利的核算。

| 范例解析 | **外购产品作为福利的账务处理**

2×20年9月，恺宾酒店为职工准备中秋福利，外购月饼准备在中秋节当天发放给职工，单价260.00元一盒（不含税），共计购买50盒，发放给管理部门10盒，销售部门10盒，客房部15盒，前厅部5盒，工程部门5盒，保安部门5盒。购买该产品时收到了增值税普通发票，税率13%。

计入管理费用的部分＝260.00×（10+5+5）+260.00×（10+5+5）×13%=5 876.00（元）

计入销售费用的部分＝260.00×（10+15+5）+260.00×（10+15+5）×13%=8 814.00（元）

外购产品不含税总价＝260.00×50=13 000.00（元）

应支付的进项税额＝13 000.00×13%=1 690.00（元）

9月末决定发放非货币性职工福利时，账务处理如下。

借：管理费用　　　　　　　　　　　　　　　5 876.00

　　销售费用　　　　　　　　　　　　　　　8 814.00

　　　贷：应付职工薪酬——非货币性福利　　　　　　14 690.00

将外购月饼发放给职工。

借：应付职工薪酬——非货币性福利　　　　14 690.00

　　　贷：银行存款　　　　　　　　　　　　　　　14 690.00

| 范例解析 | **将房屋等资产无偿提供给职工使用的账务处理**

恺宾酒店为销售部门经理配备一辆轿车免费使用，为每位职工提供住宿，酒店有需要住宿的员工可以申请入住。截至目前，一共有 20 位员工申请，酒店配备两个 4 室 1 厅住房仅供使用。假定轿车每月计提折旧 800.00 元，住房月租金合计 6 000.00 元。酒店每月应做账务处理如下。

计提轿车折旧。

借：销售费用　　　　　　　　　　　　　　800.00

　　贷：应付职工薪酬——非货币性福利　　　　　800.00

借：应付职工薪酬——非货币性福利　　　　800.00

　　贷：累计折旧　　　　　　　　　　　　　　800.00

确认房屋租金。

借：管理费用　　　　　　　　　　　　　　6 000.00

　　贷：应付职工薪酬——非货币性福利　　　　6 000.00

借：应付职工薪酬——非货币性福利　　　　6 000.00

　　贷：银行存款　　　　　　　　　　　　　　6 000.00

3.3.4　辞退福利的内容以及核算

辞退福利，是指企业在职工劳动合同到期之前解除与职工的劳动关系，或者为鼓励职工自愿接受裁减而给予职工的补偿。

职工薪酬准则规定的辞退福利包括以下两方面的内容。

①在职工劳动合同尚未到期前，不论职工本人是否愿意，企业决定解除与职工的劳动关系而给予的补偿。

②在职工劳动合同尚未到期前，为鼓励职工自愿接受裁减而给予的补偿，职工有权利选择继续在职或接受补偿离职。

对于职工没有选择权的强制的辞退，应当根据辞退计划条款规定的拟解除劳动关系的职工数量、每一职位的辞退补偿标准等，计提应付职工薪酬。

对于自愿接受裁减的建议，应当预计将会接受裁减建议的职工数量，根据预计的职工数量和每一职位的辞退补偿标准等，计提应付职工薪酬。

| 范例解析 |　强制辞退福利的账务处理

恺宾酒店 2×20 年 6 月末由于市场环境影响，决定辞退管理部门 5 名没有家庭负担的员工，每人补偿 1.00 万元，账务处理如下。

借：管理费用　　　　　　　　　　　　　　　　　50 000.00

　　贷：应付职工薪酬——非货币性福利　　　　　　　50 000.00

借：应付职工薪酬——非货币性福利　　　　　　　50 000.00

　　贷：银行存款　　　　　　　　　　　　　　　　50 000.00

3.4　应交税费的种类以及账务核算

在我国，企业的生产经营和各类税种都息息相关，只要一个企业存在，就受管控于各个地方的税务局，且每月要缴纳各项应缴税款，这是一个国家与企业生产相辅相成的结果。缴纳的税款由税务局上缴国库支付中心，以此作为一项国家财政收入，来支付国家的各项支出以及对民生的各项补贴。

因此应交税费就是用来核算一个企业每月应缴税费的明细账目。下面具体讲解应交税费都包括哪些内容。

◆　应交税费的种类。

应交税费是指企业根据在一定时期内取得的营业收入、实现的利润等，按照现行税法规定，采用一定的计税方法计提的应缴纳的各种税费。

应交税费的明细科目，主要有表 3-1 所示的这些内容。

表 3-1　应交税费的明细科目说明

明细科目	说　　明
应交增值税 （进项税额）	采购物资时，可抵扣的增值税进项税额，借记本科目
应交增值税 （已交税金）	实际缴纳的本月增值税，借记本科目
应交增值税 （转出未交税金）	本月月底从"应交增值税"或"预缴增值税"明细科目转入当月应交未交增值税，借记本科目，贷记"应交税费——未交增值税"
应交增值税 （销项税额）	酒店餐饮业提供劳务应收取的增值税税额，贷记本科目
应交增值税 （进项税额转出）	相关采购税费不能抵扣但前期已经抵扣时，贷记本科目
应交增值税 （转出多交增值税）	企业转出本月应缴而多缴纳的增值税
未交增值税	核算月份终了从"应交增值税"或"预缴增值税"明细科目转入当月未交、多交的增值税
应交消费税	企业按规定应缴纳的消费税
应交资源税	指企业应交的资源税。资源税是以各种应税自然资源为课税对象，为了调节资源级差收入并体现国有资源有偿使用而征收的一种税
应交企业所得税	企业按照税法规定计算应交的企业所得税，借记"所得税费用"科目，贷记本科目
应交土地增值税	指企业转让国有土地使用权连同地上建筑物及其附着物一并在"固定资产"或"在建工程"等科目核算的，转让时应交的土地增值税，借记"固定资产清理"科目，贷记本科目
应交城市维护建设税	是三项附加税费之一，发生时借记"税金及附加"科目，贷记本科目

明细科目	说　明
应交房产税	房产税是国家对在城市、县城、建制镇和工矿区征收的由产权所有人缴纳的一种税
应交城镇土地使用税	是以土地使用权人实际占用的土地面积为计税依据，按照规定的适用税额计算征收的一种税，其计算公式：年应交土地使用税 = 计税土地面积（平方米）× 适用税额
应交车船税	依法应当在我国车船管理部门登记的车船（除规定减免的车船外）缴纳的一种税
应交教育费附加	是三项附加税费之一，发生时借记"税金及附加"科目，贷记本科目
应交地方教育附加	是三项附加税费之一，发生时借记"税金及附加"科目，贷记本科目
应交个人所得税	按规定计算的应代扣代缴的职工个人所得税，发生时借记"应付职工薪酬"科目，贷记本科目

◆　应交税费的账务核算。

在酒店餐饮业中，一般使用的应交税费二级科目包括：应交增值税、应交企业所得税、应交城市维护建设税、应交教育费附加和应交个人所得税等。下面将以这几种应缴税费为例来做实际了解。

3.4.1　有关增值税销项税额账务处理

增值税是对我国境内销售货物或者提供加工、修理修配劳务以及进口货物的单位和个人就其实现的增值额征收的一个税种，属于流转税。

增值税纳税人分为一般纳税人和小规模纳税人，符合相关规定的一般纳税人涉及进项税额的抵扣和计算。

在酒店餐饮业中，一般纳税人应交增值税税额 = 当期销项税额 − 当期进项税额；若涉及进项税额转出，还应加上进项税额转出额。

增值税销项税额是指纳税人销售货物或者提供应税劳务，按照销售额和规定税率计算并向购买方收取的增值税税额。一般注明在酒店开出发票的税额一栏。

| 范例解析 | 开出增值税发票确认收入的账务处理

图 3-1 所示为恺宾酒店 2×20 年 8 月 5 日的前台营业日报表。

酒店收入日报表

2×20 年 8 月 5 日

收入情况		金额	本月累计
收款方式	现金	17 500.00	
	银联中心	70 400.00	
	单位挂账		
	储值卡结算		
	合计	87 900.00	
收入明细	房费	53 400.00	
	餐饮收入	18 000.00	
	小酒吧	16 500.00	

图 3-1 营业日报表

从图中可以得知当日的相关收入，具体如下。

①提供饮食餐饮开出增值税税票，税率 6%，收款 18 000.00 元。

②提供住宿服务开出增值税税票，税率 6%，收款 53 400.00 元。

③向客户销售烟酒饮料等收款 16 500.00 元，税率 13%。

上述收入现金收款 17 500.00 元，POS 机银联刷卡 70 400.00 元，会计账务处理如下。

增值税销项税额 =（18 000.00+53 400.00）÷（1+6%）×6%+16 500.00÷（1+13%）×13%=5 939.74（元）

客房部确认收入 =53 400.00−53 400.00÷（1+6%）×6%=50 377.36（元）

餐饮部确认收入 =18 000.00−18 000.00÷（1+6%）×6%=16 981.13（元）

前厅部确认收入 =16 500.00−16 500.00÷（1+13%）×13%=14 601.77（元）

首先根据日报表做如下处理。

借：应收账款——银联中心（POS机）　　　　　　70 400.00

　　库存现金　　　　　　　　　　　　　　　　　　17 500.00

　　贷：主营业务收入——客房部　　　　　　　　　50 377.36

　　　　　　　　　　　——餐饮部　　　　　　　　16 981.13

　　　　　　　　　　　——前厅部　　　　　　　　14 601.77

　　　　应交税费——应交增值税（销项税额）　　　 5 939.74

再根据银行回单，转销应收账款。

借：银行存款　　　　　　　　　　　　　　　　　　70 400.00

　　贷：应收账款——银联中心（POS机）　　　　　70 400.00

知识延伸 | 关于增值税深化改革的相关规定

2019年3月20日，财政部、税务总局、海关总署公告2019年第39号，《关于深化增值税改革有关政策的公告》，其中有些值得酒店餐饮业注意的公告内容，节选公告如下。

1. 增值税一般纳税人（以下称纳税人）发生增值税应税销售行为或者进口货物，原适用16%税率的，税率调整为13%；原适用10%税率的，税率调整为9%。

2. 纳税人购进农产品，原适用10%扣除率的，扣除率调整为9%。纳税人购进用于生产或者委托加工13%税率货物的农产品，按照10%的扣除率计算进项税额。

3. 原适用16%税率且出口退税率为16%的出口货物劳务，出口退税率调整为13%；原适用10%税率且出口退税率为10%的出口货物、跨境应税行为，出口退税率调整为9%。

4. 纳税人购进国内旅客运输服务，其进项税额允许从销项税额中抵扣。

5. 纳税人未取得增值税专用发票的，暂按照以下规定确定进项税额。

①取得增值税电子普通发票的，为发票上注明的税额。

②取得注明旅客身份信息的航空运输电子客票行程单的，按照下列公式计算进项税额：航空旅客运输进项税额＝（票价＋燃油附加费）÷（1+9%）×9%。

③取得注明旅客身份信息的铁路车票的，按照下列公式计算的进项税额：铁路旅客运输进项税额＝票面金额÷（1+9%）×9%。

④取得注明旅客身份信息的公路、水路等其他客票的，按照下列公式计算进项税额：公路、水路等其他旅客运输进项税额＝票面金额÷（1+3%）×3%。

3.4.2 有关增值税进项税额账务处理

进项税额是指当期购进货物或应税劳务缴纳的增值税税额。

根据税法规定，准予从销项税额当中抵扣的进项税额限于下列增值税扣税凭证上注明的增值税税款和按规定的扣除率计算的进项税额。

①从销货方取得增值税专用发票抵扣联上注明的增值税税款。

②纳税人购进免税农产品所支付给农业生产者或小规模纳税人的价款，取得经税务机关批准使用的收购凭证上注明的价款按一定比率计算的抵扣进项税额。

③企业购置增值税防伪税控系统专用设备和通用设备，可凭借购货所取得的专用发票所注明的税额从当期增值税销项税额中抵扣。

④从海关取得的海关进口增值税专用缴款书上注明的增值税税额。

⑤纳税人外购货物和销售货物所支付的运费，根据运费结算单据（普通发票）所列运费和建设基金金额按 9% 抵扣进项税额。

不得抵扣的进项税额也有多种形式，其中值得酒店餐饮业注意的有以下几点。

①用于非应税项目的购进货物或应税劳务的进项税额。

②用于免税项目的购进货物或应税劳务的进项税额。

③用于集体福利或者个人消费的购进货物或应税劳务的进项税额。

④非正常损失的购进货物的进项税额。

| 范例解析 |　购进货物取得专用发票的账务处理

恺宾酒店 2×20 年 8 月购入一批布草，增值税专用发票上注明的不含税价款为 50 000.00 元，增值税税额为 6 500.00 元，货款已经支付，材料已经到达并验收入库。应做如下处理。

借：周转材料——低值易耗品　　　　　　　　50 000.00

　　应交税费——应交增值税（进项税额）　　 6 500.00

　　贷：银行存款　　　　　　　　　　　　　　56 500.00

| 范例解析 | 购入农副产品的账务处理

恺宾酒店 2×20 年 8 月，收购一批农副产品作为餐饮部的原材料，实际支付价款 10 000.00 元，收购农副产品已验收入库，款项已经支付。增值税进项税扣除率为 9%，该笔账务处理的会计分录如下。

可以抵扣的进项税额 =10 000.00÷（1+9%）×9%=825.69（元）

原材料入账成本 =10 000.00−825.69=9 174.31（元）

借：原材料——原料及主要材料　　　　　　　　　 9 174.31

应交税费——应交增值税（进项税额）　　　　 825.69

贷：银行存款　　　　　　　　　　　　　　　　 10 000.00

3.4.3　进项税额转出的账务处理

根据《增值税暂行条例》规定，企业购进的货物发生非正常损失（非经营性损失），以及将购进货物改变用途（如用于非应税项目、集体福利或个人消费等），其已经抵扣的进项税额应通过"应交税费——应交增值税（进项税额转出）"科目转入有关科目，不予以抵扣。

| 范例解析 | 发生非正常损失关于进项税转出的账务处理

2×20 年 8 月，恺宾酒店仓库因管理不善，发生火灾损失，造成一批布草损毁，实际成本为 20 000.00 元，相关增值税专用发票上注明的增值税税额为 2 600.00 元。酒店将毁损布草作为待处理财产损溢入账。

借：待处理财产损溢——待处理流动资产损溢　　　 22 600.00

贷：周转材料——低值易耗品　　　　　　　　　 20 000.00

应交税费——应交增值税（进项税额转出）　　 2 600.00

3.4.4　缴纳增值税的账务处理

前面我们提过，应交增值税 = 当期销项税额 − 当期进项税额，若涉及进项税额转出，还应加上进项税额转出额。在了解了销项税额、进项税额和进项税额转出后，本节将具体了解应交增值税的计算和账务处理。

| 范例解析 |　缴纳增值税的账务处理

接 3.4 节所有实账处理案例，恺宾酒店 2×20 年 8 月增值税账务处理如下。

当期销项税额 =5 939.74（元）

当期进项税额 =6 500.00+825.69=7 325.69（元）

当期进项税额转出 =2 600.00（元）

当期应交增值税税额 =5 939.74−7 325.69+2 600.00=1 214.05（元）

2×20 年 8 月底转出当月未交增值税。

借：应交税费——应交增值税（转出未交增值税）　1 214.05

　　贷：应交税费——应交增值税（未交增值税）　　　1 214.05

2×20 年 9 月缴纳上月未交增值税的账务处理如下。

借：应交税费——应交增值税（未交增值税）　　　1 214.05

　　贷：银行存款　　　　　　　　　　　　　　　　1 214.05

3.4.5　增值税三项附加税费的核算

在酒店餐饮业中，我们所称的三项附加税费一般是指城市维护建设税、教育费附加和地方教育附加。

一般三项附加税费的应纳税额 =（实际缴纳增值税税额 + 实际缴纳消费税税额）× 税率，但在酒店餐饮业中，日常经营活动不涉及消费税，所以我们代指增值税三项附加税费。实际缴纳增值税税额不包括罚款征收的增值税。

城市维护建设税是以纳税人实际缴纳的增值税税额为计税依据，依法计征的一种税。

根据《中华人民共和国城市维护建设税暂行条例》及其《实施细则》有关规定，城建税是根据城市维护建设资金的不同层次的需要而设计的，实行分区域的差别比例税率，即按纳税人所在城市、县城或镇等不同的行政区域分别规定不同的比例税率。具体规定如下。

①纳税人所在地在市区的，税率为7%。这里称的"市"是指国务院批准市建制的城市，"市区"是指省人民政府批准的市辖区（含市郊）的区域范围。

②纳税人所在地在县城、镇的税率为5%。这里所称的"县城、镇"是指省人民政府批准的县城、县属镇（区级镇），县城、县属镇的范围按县人民政府批准的城镇区域范围。

③纳税人所在地不在市区、县城、县属镇的，税率为1%。

纳税人在外地发生缴纳增值税、消费税的，按纳税发生地的适用税率计征城市维护建设税。

教育费附加是对在城市和县城凡缴纳增值税、消费税的单位和个人，就实际缴纳的两种税税额征收的一种附加费。

教育费附加目前统一按3%的比率征收。地方教育附加属于政府性基金，专项用于发展教育事业，其费率一般为2%。

| **范例解析** | 缴纳增值税三项附加税费的账务处理

恺宾酒店位于市区，适用城市维护建设税税率7%，教育费附加费率3%，地方教育附加费率2%；2×20年9月实际缴纳增值税税额18 000.00元，9月应缴纳三项附加税费的计算如下。

应纳城市维护建设税 =18 000.00×7%=1 260.00（元）

应纳教育费附加 =18 000.00×3%=540.00（元）

应纳地方教育附加 =18 000.00×2%=360.00（元）

2×20 年 9 月计提税费。

借：税金及附加   2 160.00

  贷：应交税费——应交城市维护建设税   1 260.00

      ——应交教育费附加   540.00

      ——应交地方教育费附加   360.00

实际缴纳税费。

借：应交税费——应交城市维护建设税   1 260.00

     ——应交教育费附加   540.00

     ——应交地方教育费附加   360.00

  贷：银行存款   2 160.00

3.4.6　缴纳企业所得税的账务处理

企业所得税是对我国境内的企业和经营单位的生产经营所得和其他所得征收的一种所得税。

企业所得税针对的征税对象包括如下三类。

◆ 居民企业，应当就其来源于中国境内、境外的所得缴纳企业所得税。

◆ 非居民企业在中国境内设立机构、场所的，应当就其所设机构、场所取得的来源于中国境内的所得，以及发生在中国境外但与其所设机构、场所有实际联系的所得，缴纳企业所得税。

◆ 非居民企业在中国境内未设立机构、场所的，或者虽设立机构、场所但取得的所得与其所设机构、场所没有实际联系的，应当就其来源于中国境内的所得缴纳企业所得税。

来源于中国境内的所得包括：销售货物收入，提供劳务收入，转让财产收入，股息、红利等权益性投资收益，利息收入，租金收入，特许权使用费收入，接受捐赠收入和其他收入等。

关于企业所得税的缴纳时间也有相关规定，2008 年 1 月 1 日起施行的企业所得税法第五十四条规定如下。

①企业所得税分月或者分季预缴。一般酒店餐饮业大多按季度预缴。

②企业应当自月份或者季度终了之日起 15 日内，无论盈利或亏损，都应向税务机关报送预缴企业所得税纳税申报表，预缴税款。

③企业应当自年度终了之日起 5 个月内，向税务机关报送年度企业所得税纳税申报表，并汇算清缴，结清应缴应退税款。每年的企业所得税汇算清缴的，具体规定以及相关账务处理将在本书第 7 章进行介绍。

④在报送企业所得税纳税申报表时，应当按照规定附送财务会计报告和其他有关资料。

⑤纳税人在规定的申报期申报确有困难的，可报经主管税务机关批准，延期申报。

酒店餐饮业适用企业所得税的税率为 25%。若是小型微利企业，国家减免税率适用 20%。

企业所得税应纳税额=当期应纳税所得额×适用税率

当期应纳税所得额=收入总额-不征税收入-免税收入-成本-费用-损失-准予扣除项目金额

本节我们先了解每季度预缴企业所得税的账务处理，应当设置"所得税费用"和"应交税费——应交企业所得税"科目，计提时，借记"所得税费用"科目，贷记"应交税费——应交企业所得税"科目；缴纳时，借记"应交税费——应交企业所得税"科目，贷记相关科目。

| 范例解析 | 季度预缴企业所得税的账务处理

恺宾酒店 2×20 年 4 月，申报第一季度企业所得税，根据财务部 3 月报出的利润表，如图 3-2 所示，填报企业所得税申报表，如图 3-3 所示，实际缴纳企业所得税 19 820.45 元，会计分录如下。

应纳企业所得税税额 = 当期应纳税所得额 × 适用税率

$$=79\,281.79 \times 25\% = 19\,820.45（元）$$

计提应缴纳的企业所得税。

借：所得税费用   19 820.45

　　贷：应交税费——应交企业所得税   19 820.45

缴纳企业所得税。

借：应交税费——应交企业所得税   19 820.45

　　贷：银行存款   19 820.45

利润表

会企02表

编制单位：恺宾酒店　　　　　　　　2×20 年 3 月　　　　　　　　单位：元

项　目	行数	本月数	本年累计数
一、主营业务收入	1	948 997.48	1 671 759.79
减：主营业务成本	2	334 500.45	1 054 233.56
税金及附加	3	1 828.80	3 586.07
二、主营业务利润（亏损以"-"号填列）	4	612 668.23	613 940.16
加：其他业务利润（亏损以"-"号填列）	5		
减：销售费用	6	230 855.23	414 639.35
管理费用	7	22 000.00	45 672.00
财务费用	8	22 238.87	78 134.68
三、营业利润（亏损以"-"号填列）	9	337 574.13	75 494.13
加：投资收益（损失以"-"号填列）	10		
补贴收入	11		
营业外收入	12	787.00	3 787.66
减：营业外支出	13		
四、利润总额（亏损总额以"-"号填列）	14	338 361.13	79 281.79
减：所得税费用	15	84 590.28	19 820.45
五、净利润（净亏损以"-"号填列）	16	253 770.85	59 461.34

图 3-2　利润表

A200000 中华人民共和国企业所得税月（季）度预缴纳税申报表（A类）

税款所属期间：2×20 年 1 月 1 日 至 2×20 年 3 月 31 日

金额单位：人民币元（列至角分）

纳税人识别号（统一社会信用代码）：□□□□□□□□□□□□□□□□□□

纳税人名称：恺乐酒店

预缴方式	□ 按照实际利润额预缴	□ 按照上一纳税年度应纳税所得额平均额预缴	□ 按照税务机关确定的其他方法预缴
企业类型	□ 一般企业	□ 跨地区经营汇总纳税企业总机构	□ 跨地区经营汇总纳税企业分支机构

项 目	按季度填报信息								
	一季度		二季度		三季度		四季度		季度平均值
	季初	季末	季初	季末	季初	季末	季初	季末	
从业人数									
资产总额（万元）									
国家限制或禁止行业	□ 是 □ 否			小型微利企业				□ 是 □ 否	

行次	预缴税款计算	本年累计金额
	项 目	
1	营业收入	1 675 547.45
2	营业成本	1 596 265.66
3	利润总额	79 281.79
4	加：特定业务计算的应纳税所得额	
5	减：不征税收入	
6	减：免税收入、减计收入、所得减免等优惠金额（填写 A201010）	
7	减：资产加速折旧、摊销（扣除）调减额（填写 A201020）	
8	减：弥补以前年度亏损	
9	实际利润额（3+4-5-6-7-8）\按照上一纳税年度应纳税所得额平均额确定的应纳税所得额	
10	税率（25%）	0.25
11	应纳所得税额（9×10）	19 820.45
12	减：减免所得税额（填写 A201030）	
13	减：实际已缴纳所得税额	
14	减：特定业务预缴（征）所得税额	
L15	减：符合条件的小型微利企业延缓缴纳所得税额（是否延缓缴纳所得税 □ 是 □ 否）	
15	本期应补（退）所得税额（11-12-13-14-L15）\税务机关确定的本期应纳所得税额	19 820.45

图 3-3 中华人民共和国企业所得税月（季）度预缴纳税申报表（A类）

3.4.7　单位代扣代缴个人所得税的核算

个人所得税是以自然人取得的各类应税所得为征税对象而征收的一种所得税，是政府利用税收对个人收入进行调节的一种手段。

我国个人所得税的纳税义务人是在中国境内居住且有所得的人，以及不在中国境内居住而从中国境内取得所得的个人，包括中国公民和在华取得所得的外籍人员等。

在中国境内有住所，或者无住所而一个纳税年度内在境内居住累计满 183 天的个人，是居民纳税义务人，应当承担无限纳税义务，即就其在中国境内和境外取得的所得，依法缴纳个人所得税。

在中国境内无住所又不居住，或者无住所而一个纳税年度内在境内居住累计不满 183 天的个人，是非居民纳税义务人，承担有限纳税义务，仅就其从中国境内取得的所得，依法缴纳个人所得税。

在酒店餐饮业中，个人所得税征税范围值得注意的有表 3-2 所示的四项。

表 3-2　酒店餐饮业常见的个人所得税征税范围

征税范围	描　　述
工资、薪金所得	指个人因任职或受雇而取得的工资、薪金、奖金、年终加薪、劳动分红、津贴、补贴以及与任职或受雇有关的其他所得
劳务报酬所得	指个人从事设计、装潢、安装、制图、化验、测试、医疗、法律、会计、咨询、讲学、新闻、广播、翻译、审稿、书画、雕刻、影视、录音、录像、演出、表演、广告、展览、技术服务、介绍服务、经济服务、代办服务以及其他劳务取得的所得
特许权使用费所得	指个人提供专利权、著作权、商标权、非专利技术以及其他特许权的使用权取得的所得
利息、股息、红利所得	指个人拥有债权、股权而取得的利息、股息、红利所得

其他个人所得税征税范围在本节就不再一一列举。

个人所得税的税率有三种,其中七级超额累进税率适用于综合所得(工资、薪金所得,劳务报酬所得,稿酬所得,特许权使用费所得),按月计算应纳税所得额并征税,年终进行汇算清缴。

该税率按个人月工资、薪金应税所得额划分级距,最高一级税率为45%,最低一级为3%,共七级。

五级超额累进税率适用于个体工商户经营所得。

固定比例税率适用于个人的利息、股息、红利所得,财产租赁所得,财产转让所得,偶然所得和其他所得;按次计算征收个人所得税,适用20%的比例税率。

个人所得税的征收方式可分为按月计征和按年计征。个体工商户的生产、经营所得,对企事业单位的承包经营、承租经营所得,特定行业的工资、薪金所得,从中国境外取得的所得等,实行按年计征应纳税额,其他所得的应纳税额实行按月计征。

2018年8月31日,修改个人所得税法的决定通过,基本减除费用标准调至每月5 000元,2018年10月1日起实施。

酒店餐饮业中常用的计算工资、薪金所得的公式:应纳税所得额 = 月度收入 −5 000元(免征额) − 专项扣除(三险一金等) − 专项附加扣除 − 依法确定的其他扣除。

个人所得税专项附加扣除,是指个人所得税法规定的子女教育、继续教育、大病医疗、住房贷款利息、住房租金和赡养老人等六项专项附加扣除。(该规定自2018年12月22日国务院关于印发个人所得税专项附加扣除暂行办法的通知发布,自2019年1月1日起施行)。相关规定的内容如表3-3所示。

表3-3　个人所得税的专项附加扣除规定

扣除项目	规　　定
子女教育	纳税人的子女接受全日制学历教育的相关支出,按照每个子女每月1 000元的标准定额扣除

续表

扣除项目	规　　定
继续教育	纳税人在中国境内接受学历（学位）继续教育的支出，在学历（学位）教育期间按照每月 400 元定额扣除。同一学历（学位）继续教育的扣除期限不能超过 48 个月。纳税人接受技能人员职业资格继续教育、专业技术人员职业资格继续教育的支出，在取得相关证书的当年，按照 3 600 元定额扣除
大病医疗	在一个纳税年度内，纳税人发生的与基本医保相关的医药费用支出，扣除医保报销后个人负担（指医保目录范围内的自付部分）累计超过 15 000 元的部分，由纳税人在办理年度汇算清缴时，在 80 000 元限额内据实扣除
住房贷款利息	纳税人本人、配偶单独或者共同使用商业银行，或者住房公积金个人住房贷款，为本人或者其配偶购买中国境内住房，发生的首套住房贷款利息支出，在实际发生贷款利息的年度，按照每月 1 000 元的标准定额扣除，扣除期限最长不超过 240 个月。纳税人只能享受一次首套住房贷款的利息扣除
住房租金	纳税人在主要工作城市没有自有住房而发生的住房租金支出，可以按照以下标准定额扣除 ①直辖市、省会（首府）城市、计划单列市以及国务院确定的其他城市，扣除标准为每月 1 500 元 ②除第一项所列城市以外，市辖区户籍人口超过 100 万的城市，扣除标准为每月 1 100 元；市辖区户籍人口不超过 100 万的城市，扣除标准为每月 800 元
赡养老人	纳税人赡养一位及以上被赡养人的赡养支出，统一按照以下标准定额扣除 ①纳税人为独生子女的，按照每月 2 000 元的标准定额扣除 ②纳税人为非独生子女的，由其与兄弟姐妹分摊每月 2 000 元的扣除额度，每人分摊的额度不能超过每月 1 000 元。可以由赡养人均摊或者约定分摊，也可以由被赡养人指定分摊。约定或者指定分摊的须签订书面分摊协议，指定分摊优先于约定分摊。具体分摊方式和额度在一个纳税年度内不能变更

酒店餐饮业在核算个人所得税时，其实是给员工代扣代缴个人所得税，一般在发放工资时处理，设置"应交税费——应交个人所得税"科目。

| 范例解析 | 代扣代缴个人所得税的账务处理

2×20 年 4 月，恺宾酒店聘请新酒店管理者，本月发放该管理者工资收入 9 800.00 元，该管理者按照规定，填报了专项附加扣除，其中子女教育扣除 1 000.00 元，其应纳个人所得税税额计算如下。七级超额累进税率表，如图 3-4 所示。

级数	全年应纳税所得额	税率	速算扣除数
1	不超过36 000元的部分	3%	0
2	超过36 000元至144 000元的部分	10%	2 520
3	超过144 000元至300 000元的部分	20%	16 920
4	超过300 000元至420 000元的部分	25%	31 920
5	超过420 000元至660 000元的部分	30%	52 920
6	超过660 000元至960 000元的部分	35%	85 920
7	超过960 000元的部分	45%	181 920

图 3-4　个人所得税七级超额累进税率表

暂不考虑社保和住房公积金。

应纳税所得额 =9 800.00－5 000.00－1 000.00=3 800（元）

应纳税额 =3 800.00×10%－210.00=170.00（元）

发放工资时代扣个人所得税。

借：应付职工薪酬——工资　　　　　　　　　　9 800.00

　　贷：银行存款　　　　　　　　　　　　　　　9 630.00

　　　　应交税费——应交个人所得税　　　　　　　170.00

代缴个人所得税。

借：应交税费——应交个人所得税　　　　　　170.00

　　贷：银行存款　　　　　　　　　　　　　　　170.00

3.5　其他应付款及预收账款的账务核算

酒店餐饮业还有两种在日常工作中较常用到的流动负债科目，就是预收账款和其他应付款。

这两个科目常用于预收客人房费以及收取员工服装押金等情况，是日常核算中常出现的基本核算科目。

3.5.1 关于其他应付款的账务核算

其他应付款是指与企业的主营业务没有直接关系的应付、暂收其他单位或个人的款项。

通常情况下，酒店餐饮业核算应付、暂收所属单位、个人的款项包括暂收职工押金、租入固定资产费用等。

企业应设置"其他应付款"账户进行核算。该账户属于负债类账户，贷方登记发生的各种应付、暂收款项，借方登记偿还或转销的各种应付暂收款项，月末余额一般在贷方，表示企业应付、暂收的款项。本账户应按应付、暂收款项的类别设置明细账户。

| 范例解析 | 向租用设备公司收取租金的核算

恺宾酒店将自有的一台清洗设备出租给某企业，收到租用押金 1 600.00 元。租赁期结束，该企业将清洗设备退还给酒店，酒店退还其押金，账务处理如下。

其他应付款入账金额 =1 600.00（元）

借：库存现金 1 600.00

贷：其他应付款——押金 1 600.00

企业退还清洗设备，酒店退还押金。

借：其他应付款——押金 1 600.00

贷：库存现金 1 600.00

3.5.2 预收账款的核算

预收账款一般是指企业向购货方预收的购货定金或部分货款。

在酒店餐饮业中，大部分是预收的客人房费定金或者预收订餐费等。

企业在收到预收账款这笔钱时，发出商品或提供劳务的义务尚未履行，所以不能作为收入入账，只能确认为一项负债，贷记"预收账款"科目。

企业按规定提供商品或劳务后，再根据履行情况，逐期将未实现收入转成已实现收入，即借记"预收账款"科目，贷记有关收入科目。

预收款项业务不多的企业可以将预收的款项直接记入"应收账款"的贷方，不单独设置本科目。

预收账款的期限一般不超过一年，通常应作为一项流动负债反映在各期末的资产负债表上，若超过一年（预计在一年以上提供商品或劳务），则称为"递延贷项"，单独列示在资产负债表的负债与所有者权益之间。

| 范例解析 | 关于预收客人房费的核算

恺宾酒店 2×20 年 5 月 1 日，根据前台营业日报表显示，当天向客人预收房费 32 000.00 元，5 月 1 日当天收到房费款 6 000.00 元，会计处理如下。

当天应交增值税销项税额 =6 000.00÷（1+6%）×6%=339.62（元）

确认收入 =6 000.00−339.62=5 660.38（元）

借：银行存款　　　　　　　　　　　　　　　　32 000.00

　　贷：预收账款——房费　　　　　　　　　　　32 000.00

确认当天房费收入。

借：预收账款——房费　　　　　　　　　　　　6 000.00

　　贷：主营业务收入——房费　　　　　　　　　5 660.38

　　　　应交税费——应交增值税（销项税额）　　339.62

3.6　长期借款的账务处理

在酒店餐饮业中，若有日常资金周转以外的必须款项需求，且金额较大，难以周转支付时，可以采用借入长期借款，长期借款偿还期限长，并且可以分期偿还。

在会计上，将此类资金归类为非流动负债，筹资迅速，并且成本较低，能很好地起到财务杠杆的作用；但同时也要提醒大家，金融机构对此类借款的规范较严格，有一定风险，应谨慎使用。

3.6.1 借入长期借款的账务处理

长期借款是企业从银行或其他金融机构借入期限在一年以上的借款。

为了反映企业的各种长期借款，应设置"长期借款"科目，用来核算各种长期借款的借入、应计利息、归还和结欠情况。

企业借入各种长期借款，按实际收到的款项，借记"银行存款"科目，贷记"长期借款——本金"科目，若存在差额，借记"长期借款——利息调整"科目。

"长期借款——利息调整"科目一般记录借款时应支付的相关费用，如手续费。

| 范例解析 |　借入长期借款的账务处理

恺宾酒店为建造员工食堂，于 2×18 年 1 月 1 日借入期限为两年的长期专门借款 1 000 000.00 元，款项已存入银行。借款利率 5%，每年付息一次，期满后一次还本。该食堂于 2×19 年 12 月 31 日完工，达到预定可使用状态。假定不考虑闲置借款资金利息收入。

借入长期借款时账务处理如下。

借：银行存款　　　　　　　　　　　　　　1 000 000.00

　　贷：长期借款——本金　　　　　　　　　　1 000 000.00

3.6.2 长期借款利息核算

资产负债表日，企业应按长期借款的摊余成本和实际利率计算确定的长期借款的利息费用，借记"在建工程""制造费用"和"财务费用"等科目，贷记"应付利息"科目。

对于一次还本付息的长期借款，贷记"长期借款——应计利息"科目。

| 范例解析 |　年末计提利息的账务处理

接 3.6.1 案例，计算 2×18 年 12 月 31 日应计入成本的利息费用。

借款利息 =1 000 000.00×5%=50 000.00（元）

借：在建工程——食堂   50 000.00

　　贷：应付利息   50 000.00

支付利息时，借记"应付利息"科目，贷记相关科目。

| 范例解析 |　支付利息的账务处理

接 3.6.1 案例，2×19 年 1 月 1 日支付利息时账务处理如下。

借：应付利息   50 000.00

　　贷：银行存款   50 000.00

3.6.3　归还长期借款的账务处理

企业归还长期借款时，按归还的长期借款本金，借记"长期借款——本金"科目；按实际归还的款项，贷记"银行存款"科目，按剩下的利息费用，借记"财务费用"等科目。

本科目期末贷方余额，反映企业尚未偿还的长期借款的摊余成本。

| 范例解析 |　归还长期借款的账务处理

接 3.6.1 案例，2×19 年 12 月 31 日，该食堂完工达到预定可使用状态。

计入工程成本的本期利息 $=1\ 000\ 000.00×5\%=50\ 000.00$（元）

借：在建工程——食堂   50 000.00

　　贷：应付利息   50 000.00

2×20 年 1 月 1 日，支付到期本金和利息。

借：应付利息   50 000.00

　　长期借款——本金   1 000 000.00

　　贷：银行存款   1 050 000.00

在建工程达到预定可使用状态，应转入固定资产。

食堂入账价值 $=1\ 000\ 000.00+50\ 000.00+50\ 000.00=1\ 100\ 000.00$（元）

借：固定资产——食堂   1 100 000.00

　　贷：在建工程——食堂   1 100 000.00

3.7　长期应付款账务处理

在酒店餐饮业中，长期应付款一般是指对其他单位发生的付款期限在一年以上的长期负债，而会计业务中的长期应付款是指除了长期借款和应付债券以外的其他多种长期应付款。

3.7.1　延期付款购入固定资产的核算

酒店餐饮业企业购买一项大型设备时，有可能会采用延期分期付款方式，这种方式实质上具有融资性质。所购买的资产设备成本应该以延期支付价款的现值为基础来确认。

在核算延期付款购入固定资产等资产时，应按购买价款的现值，借记"固定资产""在建工程"或"无形资产"等科目，按应支付的金额，贷记"长期应付款"科目，按其差额，借记"未确认融资费用"科目。

按期支付价款时，借记"长期应付款"科目，贷记"银行存款"科目。

│ 范例解析 │　延期付款方式安装中央空调的账务处理

恺宾酒店 2×19 年 1 月 1 日时准备安装多联机中央空调系统，与乙公司签订协议，从乙公司购买设备，合同价款 300.00 万元，款项分三期支付，每年年末支付 100.00 万元。该空调系统购买价款现值为 248.69 万元，折现率为 10%。则购入安装时入账价值的核算如下。

借：在建工程——中央空调系统　　　　　　2 486 900.00

未确认融资费用　　　　　　　　　513 100.00

贷：长期应付款——乙公司　　　　　　　　 3 000 000.00

3.7.2　分摊未确认融资费用账务核算

未确认融资费用，即上面提到的支付价款和现值之间的差额，应当在信用期间采用实际利率法进行摊销。符合资本化的，计入资产成本，否则计入当期损益。

| 范例解析 | 分摊未确认融资费用的账务处理

接上个案例，2×19年年末分摊未确认融资费用。

摊销额 =2 486 900.00×10%=248 690.00（元）

借：在建工程——中央空调系统　　　　　　　　248 690.00

　　贷：未确认融资费用　　　　　　　　　　　　　248 690.00

2×19年末支付款项。

借：长期应付款——乙公司　　　　　　　　　1 000 000.00

　　贷：银行存款　　　　　　　　　　　　　　　1 000 000.00

假设后面每期实际按期支付款项，则

2×20年年末分摊未确认融资费用时。

摊销额 = 摊余成本 × 实际利率 =[（3 000 000.00−1 000 000.00）−（513 100.00−248 690.00）]×10%=173 559.00（元）

借：在建工程——中央空调系统　　　　　　　　173 559.00

　　贷：未确认融资费用　　　　　　　　　　　　　173 559.00

2×20年年末支付款项时。

借：长期应付款——乙公司　　　　　　　　　1 000 000.00

　　贷：银行存款　　　　　　　　　　　　　　　1 000 000.00

最后一年的账务处理。

摊销额 = 513 100.00−248 690.00−173 559.00=90 851.00（元）

借：在建工程——中央空调系统　　　　　　　　90 851.00

　　贷：未确认融资费用　　　　　　　　　　　　　90 851.00

2×21年年末支付款项时。

借：长期应付款——乙公司　　　　　　　　　1 000 000.00

　　贷：银行存款　　　　　　　　　　　　　　　1 000 000.00

有关酒店餐饮收入的核算

第4章

　　酒店餐饮业收入种类繁多，主要收入有客房收入、餐饮收入两大类，这是此行业的血液所在，是一个酒店餐饮企业存活下来的必要条件，是承担企业大部分开支的主要来源。因此，正确及时地核算企业的收入情况，直接关系到盈利的准确性。

4.1 客房收入的账务核算

客房收入是酒店最主要的收入来源，也是酒店的主营业务收入。它是酒店日常经营活动中产生的、能够使企业资产增加的一种收入形式。

4.1.1 网上预订客房收入的账务核算

在酒店餐饮业中，现在最常见的订房方式是在网上预订客房，酒店和网站签订合作协议，将酒店客房预订信息挂在网站上，客人直接在网站上预订住房，酒店支付网站佣金的一种形式。

客房收入占比相对较大，是酒店的主要收入来源，此处的收入用会计的解释来说，就是指企业在日常经营活动中形成的、会导致所有者权益增加的、与所有者投入资本无关的经济利益的总流入。

收入按企业从事日常活动的性质不同，分为销售商品收入、提供劳务收入和让渡资产使用权收入。而在酒店餐饮业中，一般是指提供劳务服务收入，销售商品收入为次要收入。

收入按企业经营业务的主次不同，分为主营业务收入和其他业务收入。主营业务收入一般是指企业的营业执照显示从事主要的经常性活动所实现的收入。在酒店餐饮业中指住宿服务、餐饮服务收入。本节所介绍的客房收入就是主营业务收入。

酒店餐饮业收入的确定也应遵循权责发生制的原则，应当在提供劳务，同时收讫价款或取得索取价款的凭据时，确认销售收入的实现。

在核算客房收入时，酒店应设置"主营业务收入"科目，在"主营业务收入"账户下，应按照主营业务的种类设置明细账，进行明细核算。本账户期末应无余额。

| 范例解析 | 网上预订客房收入的账务处理

恺宾酒店 2×20 年 10 月 1 日营业结束，根据前台营业报表显示，当日丁网站的网上预订客房收入共 21 000.00 元，房费银行未到账，会计处理如下。

增值税销项税额 =21 000.00÷（1+6%）×6%=1 188.68（元）

确认主营业务收入 =21 000.00−1 188.68=19 811.32（元）

借：应收账款——丁网站　　　　　　　　　　　21 000.00

　　贷：主营业务收入——房费收入　　　　　　　　19 811.32

　　　　应交税费——应交增值税（销项税额）　　　 1 188.68

10 月 2 日丁网站房费到账，扣除佣金10%，银行收讫 18 900.00 元。

扣除的佣金 =21 000.00×10%=2 100.00（元）

借：银行存款　　　　　　　　　　　　　　　　18 900.00

　　销售费用——佣金费　　　　　　　　　　　　 2 100.00

　　贷：应收账款——丁网站　　　　　　　　　　 21 000.00

4.1.2　VIP 客人住宿收入的账务核算

在酒店餐饮业中，有需要长期住宿餐饮的 VIP 客户，酒店对这类客户一般有折扣优惠，这种情况下就会推荐使用 VIP 储值卡。

一般发行储值卡的酒店、餐厅，在前厅都装有收银系统，关于卡的发行、消费及余额情况，日期、时间及操作人员的信息等都记载在收银系统里。

财务人员应该定期与前厅收银员进行结账，核实相关情况，以保持与会计账务记载的一致性。在账务处理时，设置"预收账款"科目，在持卡人消费时确认收入。

酒店、餐饮企业在出售储值卡时，会经常遇到打折销售的情况。这种情况在会计记账时，可在"预收账款"科目之下同时设置一个备抵科目。比如"充值折扣备抵专户"，用以记载充值赠送的金额，余额反映在借方，来抵消收取现金数额与发行在外的储值卡数字不一致的状况。

每月在进行持卡客户消费额统计时，可按比例法进行抵减、调整，保证预收账款总账科目余额的真实性。

| 范例解析 |　储值卡消费的账务处理

恺宾酒店 2×20 年 10 月 2 日营业结束，根据前台营业报表显示，当日销售储值卡 2 张，每张面额 2 000.00 元，实际售价 1 900.00 元 / 张，当日卡号 No.223、No.224 储值卡分别消费 458.00 元、658.00 元，账务处理如下。

销售储值卡时。

借：银行存款　　　　　　　　　　　　　　　　　3 800.00

　　预收账款——充值折扣备抵专户　　　　　　　　200.00

　　贷：预收账款——No.223　　　　　　　　　　　　　2 000.00

　　　　　　——No.224　　　　　　　　　　　　　　2 000.00

储值卡消费时。

备抵金额 =58.00+58.00=116.00（元）

确认主营业务收入 =（458.00+658.00−116.00）−（458.00+658.00−116.00）÷（1+6%）×6%=943.40（元）

增值税销项税额 =943.40×6%=56.60（元）

借：预收账款——No.223　　　　　　　　　　　　　458.00

　　　　　　——No.224　　　　　　　　　　　　　　658.00

　　贷：主营业务收入——房费收入　　　　　　943.40

　　　　应交税费——应交增值税（销项税额）　　56.60

　　　　预收账款——充值折扣备抵专户　　　　116.00

4.1.3　客房小酒吧收入的账务处理

　　通常情况下，酒店的每间房间都配有一个小吧台，会放置标有售价的饮料、酒等物品以供销售。财务在核算酒店小酒吧账务时，首先在购进时计入"库存商品"科目，在销售时确认销售收入并结转成本。酒店的库房应做好库存商品进出的登记，以便财务核实对账。

| 范例解析 |　客房销售酒水的账务处理

　　恺宾酒店 2×20 年 10 月 2 日营业结束，根据前台营业报表显示，当日客房销售酒水合计金额 4 500.00 元，已收取现金。该批酒水进价 3 000.00 元。暂不考虑消费税，财务账务处理如下。

　　增值税销项税额 =4 500.00÷（1+6%）×6%=254.72（元）

　　确认其他业务收入 =4 500.00−254.72=4 245.28（元）

　　借：库存现金　　　　　　　　　　　　　4 500.00

　　　　贷：其他业务收入　　　　　　　　　4 245.28

　　　　　　应交税费——应交增值税（销项税额）　254.72

同时结转成本。

　　借：其他业务成本　　　　　　　　　　　3 000.00

　　　　贷：库存商品　　　　　　　　　　　3 000.00

4.1.4　退还客人未消费房费及押金的账务核算

　　在实际生活中，酒店前台在为客人预订客房时，会询问客人是否使用刷卡预授权或者交付相应现金，预订未来几天的客房服务，以及相应地收取部分押金，用于损坏酒店物品时的赔偿、房间内收费物品的使用付费，例如地毯被烟头烫坏、使用房间内的付费物品等。

而在实际操作中，会遇到房费未消费完或押金等需要退还的情况，我们需要建立完善的财务制度，如关于押金，应建立完善的押金管理制度，所有押金单由财务负责保管、核销。押金单一式三联，第一联前台留存；第二联与押金一并上交财务部；第三联客户联（退还押金时与账单一起上交财务部）；退还时凭押金单退还押金。

我们应设置"其他应付款—押金"科目，用以核算押金的收退情况；设置"预收账款—客账"科目，用以核算收取客人预付房费的情况。

| 范例解析 | 退还客人预缴未消费房费及押金的账务处理

恺宾酒店2×20年10月3日营业结束，根据前台营业报表显示记录，当日客人信用卡预授权刷卡收取房费45 000.00元，现金收取房费2 200.00元，现金收取押金15 500.00元，账务处理如下。

借：库存现金　　　　　　　　　　　　　　　17 700.00
　　银行存款　　　　　　　　　　　　　　　45 000.00
　　贷：预收账款——客账　　　　　　　　　　　　47 200.00
　　　　其他应付款——押金　　　　　　　　　　　　15 500.00

第二日营业结束，确认收款15 750.00元，部分客人提前退房，退还未消费房费3 600.00元，退还押金3 600.00元，账务处理如下。

增值税销项税额=15 750.00÷（1+6%）×6%=891.51（元）

确认主营业务收入=15 750.00-891.51=14 858.49（元）

借：预收账款——客账　　　　　　　　　　　15 750.00

其他应付款——押金	3 600.00
预收账款——客账	3 600.00
贷：主营业务收入——房费	14 858.49
应交税费——应交增值税（销项税额）	891.51
库存现金	3 600.00
银行存款	3 600.00

4.2　餐饮收入的账务核算

从古到今，美食餐饮是人们生存的前提，俗话说"民以食为天"，这足以让我们了解餐饮行业的重要性。同时，在酒店餐饮业中，餐饮收入也是企业的主要收入，比如大型的聚餐活动以及散客消费等收入，也成了餐饮企业主要收入来源。本节我们就来了解餐饮收入的有关账务处理。

4.2.1　音乐茶座收入的账务处理

我国酒店音乐茶座最早兴起于广州东方宾馆。根据资料记载，1980 年3 月，当时东方宾馆管理层提出把音乐与消费结合起来，让客人在常规的消费中获得更高雅的享受。东方宾馆的花园餐厅便开始出现小规模的音乐演出，歌手多为客串献唱。

1981 年，东方宾馆成立了专业的乐队，客人可以通过买票进入茶座听歌，在当时兴起了第一股热潮。后来其他酒店陆续效仿，但多为兼职歌手、乐队等，以及钢琴演奏兼职。

我们在核算音乐茶座收入时，将其计入"其他业务收入——茶座"科目，同时将税费计入相关税费科目即可。

| 范例解析 | 音乐茶座收入的账务处理

恺宾酒店 2×20 年 10 月 4 日营业结束，根据前台营业报表显示记录，当日音乐茶座茶饮收入 2 400.00 元，账务处理如下。

增值税销项税额 =2 400.00÷（1+6%）×6%=135.85（元）

计入其他业务收入 =2 400.00−135.85=2 264.15（元）

借：库存现金　　　　　　　　　　　　　　　　　2 400.00

　　贷：其他业务收入——茶座　　　　　　　　　　2 264.15

　　　　应交税费——应交增值税（销项税额）　　　　135.85

4.2.2　宴会餐饮收入的账务处理

酒店餐饮业企业的餐饮收入是各酒店营业收入的一项重要收入，一般指各酒店附设餐厅为旅客提供餐饮、服务等活动取得的收入。按取得收入的方式可分为散客收入和宴会预订收入。

核算餐饮收入可通过"主营业务收入"科目进行总分类核算。在此科目下按餐饮收入的具体内容设置明细科目，如"餐饮收入""饮料收入"等进行明细分类核算。

| 范例解析 | 宴会餐饮收入的账务处理

恺宾酒店 2×20 年 10 月 5 日营业结束，根据前台营业报表显示记录，当日餐饮部餐饮收入 13 800.00 元，银行收讫。餐饮部材料使用明细账记录当日原材料成本 5 500.00 元。填制的记账凭证如图 4-1 所示，账务处理如下。

增值税销项税额 =13 800.00÷（1+6%）×6%=781.13（元）

计入主营业务收入 =13 800.00−781.13=13 018.87（元）

借：银行存款　　　　　　　　　　　　　　　　　13 800.00

　　贷：主营业务收入——餐饮收入　　　　　　　　13 018.87

　　　　应交税费——应交增值税（销项税额）　　　　781.13

同时结转成本。

借：主营业务成本 　　　　　　　　　　　　　5 500.00

　　贷：原材料 　　　　　　　　　　　　　　　　　5 500.00

记 账 凭 证

2×20 年 10 月 5 日　　　　　　　　　字第 15 号

摘要	总账科目	明细科目	借方金额										贷方金额										
			千	百	十	万	千	百	十	元	角	分	千	百	十	万	千	百	十	元	角	分
10.5餐饮部餐饮收入	银行存款				1	3	8	0	0	0	0	0										
10.5餐饮部餐饮收入	主营业务收入	餐饮收入													1	3	0	1	8	8	7
10.5餐饮部餐饮收入	应交税费	应交增值税（销项）																7	8	1	1	3
结转当日餐饮成本	主营业务成本					5	5	0	0	0	0	0										
结转当日餐饮成本	原材料															5	5	0	0	0	0	0
合计（大写）壹万玖千叁佰元整			¥	1	9	3	0	0	0	0	0		¥	1	9	3	0	0	0	0	0	

会计主管　　　　　　　　记账 杨会计　　　　　　　　出纳　　　　　　　　制单 杨会计

附件 2 张

图 4-1　餐饮收入凭证

知识延伸｜结转餐饮成本注意事项

　　正文案例中以一天为例说明了收入及成本的核算，但实际操作中一般不以天为单位结转成本，而是根据如下操作进行结算。

　　厨房当天需要直接采购领用的原材料（蔬菜、肉食、家禽、水果、水产品、海鲜）必须在前一天下午 5 点以前办理申请，而补货的必须在当天下午 2 点以前申请，由各厨房领班填制市场物料申购单，经厨师长审核后报餐饮部经理批准，再交采购员按照要求组织进货，一联交收货组按采购单上的数量、质量要求验收，并由餐饮部派厨师监督验收质量，如有不符合要求的，必须当天提出退货或补货申请，验收合格后填写厨房原材料验收单。每天营业活动终了后还要填制厨房原材料验收单和厨房原材料购入汇总表。一般来说，针对这些新鲜食材，在收到发票时确认主营业务成本。

　　厨房到仓库领用的原材料（干货、调味品、食品等），由各厨房领班根据当天的需要填制仓库领用单，报厨师长审批后，凭单到仓库领取，仓库保管员审核手续齐全后，按单发货，每天营业结束后加计仓库领用单，填报餐饮原材料领用汇总表。然后根据领用汇总表按月结转相应成本。而不是每天结转。这就是实际操作以方便、灵活为前提来完成工作。

4.3 其他经营收入账务核算

前面我们已经提到过酒店餐饮业的收入类型，包括住宿收入、餐饮收入、茶座收入和音乐酒吧收入等，同时，酒店餐饮业还有其他经营收入，这些收入共同组成了一个酒店餐饮企业的经济来源，包括会议收入、赔偿收入和展位收入等，下面我们就来看看其他业务收入和营业外收入。

4.3.1 业务会议收入账务核算

现在会议旅游发展迅速，已成为酒店核心业务之一。酒店开发会议市场，有助于酒店提高餐饮以及住宿的收入，从而提升酒店经济效益。酒店举办会议类型以公司会议为主，会议规模以中小型为主，会期以半天至一天居多，参会人数多在 100 人以下。但也有大中型会议，会期偏长，为期 2 ～ 3 天，多为培训。

我们在核算会议业务收入时，由于酒店并不是单独提供场地租赁服务，还包括整理、打扫和饮水等服务，因此会计核算时应按照"会议展览服务"依据 6% 的税率计税。

若会议服务中还包含餐饮服务、住宿服务收入，应分别按照会议服务、餐饮服务和住宿服务征税；并且按照明细类别开具增值税发票。账务核算时，计入"其他业务收入——会议收入"科目。若酒店会议收入是主营业务收入，也可计入"主营业务收入"科目。

有餐饮收入的，计入"主营业务收入——餐饮收入"科目。有住宿收入的，计入"主营业务收入——住宿收入"科目。

| 范例解析 | 会议厅租赁收入的账务处理

恺宾酒店 2×20 年 10 月 6 日，接待某企业内部培训活动，活动人数 50

人，使用会议厅为期一天，在此期间为其提供饮水、餐饮服务。会议结束时，以银行支付会议厅租赁费 1 200.00 元，餐饮费 4 000.00 元，税率都为 6%，已开具增值税专用发票。账务处理如下。

增值税销项税额 =4 000.00÷（1+6%）×6%=226.42（元）

计入餐饮收入 =4 000.00−226.42=3 773.58（元）

增值税销项税额 =1 200.00÷（1+6%）×6%=67.92（元）

计入会议收入 =1 200.00−67.92=1 132.08（元）

合计税费 =226.42+67.92=294.34（元）

借：银行存款　　　　　　　　　　　　　　　5 200.00

　　贷：主营业务收入——餐饮收入　　　　　　3 773.58

　　　　　　　　——会议收入　　　　　　　　1 132.08

　　　　应交税费——应交增值税（销项税额）　　294.34

4.3.2　营业外收入的核算

营业外收入是指企业发生的与其生产经营活动无直接关系的各项收入，包括员工、客人赔偿款，非流动资产处置利得，非货币性资产交换利得，债务重组利得，政府补助，盘盈利得和捐赠利得等。本科目可按营业外收入项目进行明细核算。

企业确认非流动资产处置利得、非货币性资产交换利得、债务重组利得时，比照"固定资产清理""无形资产""原材料""库存商品"和"应付账款"等科目的相关规定进行处理。确认的政府补助利得，借记"银行存款""递延收益"等科目，贷记本科目。期末，应将本科目余额转入"本年利润"科目，结转后本科目无余额。

在酒店餐饮业中，涉及营业外收入的多为赔偿款、盘盈利得等。

| 范例解析 | 赔偿收入的账务处理

恺宾酒店 2×20 年 10 月，酒店前厅部由于员工失误遗失房卡 10 张，按照规定，由员工赔偿，房卡一张成本 50.00 元，前厅部员工于 10 月 31 日现金支付赔偿款，账务处理如下。凭证如图 4-2 所示。

借：库存现金   500.00

 贷：营业外收入——赔偿款   500.00

记 账 凭 证

2×20 年 10 月 31 日   字第 15 号

摘要	总账科目	明细科目	借方金额										贷方金额										附件
			千	百	十	万	千	百	十	元	角	分	千	百	十	万	千	百	十	元	角	分	
收员工赔偿款	库存现金						5	0	0	0	0												2 张
收员工赔偿款	营业外收入	赔偿款																5	0	0	0	0	
合计（大写）伍佰元整						¥	5	0	0	0	0					¥	5	0	0	0	0		

会计主管   记账 杨会计   出纳   制单 杨会计

图 4-2 营业外收入凭证

相关成本费用的账务核算

第 5 章

我们常说，成本费用是企业核算的中间环节，上承收入下接利润。在酒店餐饮业中，酒店的餐饮住宿收入减去全部的成本费用，也就是减去企业生产经营中所耗费资金总和，剩下的就是企业的利润，在一定程度上就是所有者权益的体现。本章来了解成本费用的相关核算。

5.1 营业成本的核算

什么是营业成本？即企业经营的成本。人们要进行生产经营活动或达到一定的目的，就必须耗费一定的资源，所费资源的货币表现及其对象化称之为营业成本。

5.1.1 酒店客房成本的账务核算

在酒店餐饮业中，客房部是酒店的主要创收部门，为酒店带来主要的经济利益。同时，酒店客房部也是成本支出较多的部门，其成本主要包括：一次性用品（卫生间洗漱用品）、洗涤费、水电费、客房固定资产折旧费及修理费、服务人员工资等。

在日常管理中，大量成本消耗就会使酒店收益降低，所以控制客房成本也是酒店餐饮业的一大难题。改善经营管理，培养员工成本意识，减少固定资产及消耗品损耗，加强预算控制等，是必须要做的管理工作。

核算客房低值易耗品成本时，应当设置"周转材料——客房低值易耗品"科目，购入时，借记本科目；使用时，贷记本科目，借记"主营业务成本——客房部"科目。

核算客房洗涤费时，设置"销售费用——洗涤费"科目，支付洗涤费时，借记本科目。

核算客房水电费时，设置"销售费用——能耗"科目，支付时，借记本科目，贷记"银行存款"等科目。

客房核算固定资产折旧时，设置"管理费用——折旧费"科目，折旧时，借记本科目，贷记"累计折旧"科目。

客房固定资产等需要修理时，设置"管理费用——修理费"科目，支付时，借记本科目。

核算人工工资时，设置"应付职工薪酬——工资"科目，计提时，借记"销售费用——客房部"科目，贷记本科目；支付时，借记本科目。

| 范例解析 | 客房部洗涤费、水电费账务处理

恺宾酒店 2×20 年 10 月，客房服务人员洗涤床上用品，合计向其支付洗涤费 35 100.00 元；当月水电费分别为 45 800.00 元、4 678.00 元，已通过银行付讫。会计处理如下。

借：销售费用——洗涤费　　　　　　　　　　　　35 100.00

　　　　　　——能耗——水费　　　　　　　　　　4 678.00

　　　　　　——能耗——电费　　　　　　　　　45 800.00

　　贷：银行存款　　　　　　　　　　　　　　　85 578.00

| 范例解析 | 客房部电视机折旧及修理的账务处理

恺宾酒店现有房间 331 间，每间房间配置电视机一台，单价 556.00 元，2×19 年 12 月 31 日购入，2×20 年 1 月开始折旧，使用直线法折旧，残值率 5%，折旧年限 3 年；2 月当月发生修理费 1 020.00 元。相关账务处理如下。

月折旧额 =（556.00×331−556.00×331×5%）÷3÷12=4 856.51（元）

借：管理费用——折旧费　　　　　　　　　　　　4 856.51

　　　　　　——修理费　　　　　　　　　　　　1 020.00

　　贷：银行存款　　　　　　　　　　　　　　　1 020.00

　　累计折旧　　　　　　　　　　　　　　　　　4 856.51

| 范例解析 | 客房部结转消耗低值易耗品成本的账务处理

恺宾酒店 2×20 年 5 月，根据库管盘点表统计，客房使用一次性牙刷、牙膏、梳子等低值易耗品合计 36 876.00 元，月末一次性计入客房成本，账务处理如下。

借：主营业务成本——客房部　　　　　　　　　　36 876.00

　　贷：周转材料——客房低值易耗品　　　　　　36 876.00

期末，转入"本年利润"科目。

借：本年利润　　　　　　　　　　　　　　　　36 876.00

　　贷：主营业务成本——客房部　　　　　　　　　36 876.00

5.1.2　酒店餐饮成本的控制及账务核算

在酒店餐饮业中，餐饮成本的分类有几种，一般使用最多的是直接成本和间接成本。

直接成本。指在产品生产过程中直接耗用而计入成本中去的那些成本。在酒店餐饮企业中主要包括制作餐饮的原料成本、酒水成本和商品成本三部分，如餐厅烹制菜肴和制作点心所需的各种原材料的耗费，包括主料、配料、调料等，就属于直接成本。

间接成本。指那些不属于产品成本的直接支出，而必须用其他方法分摊的各项耗费。如工资、水电费、燃料费、修理费、固定资产折旧和销售费用。

其他分类方式还有总成本和单位成本。

◆ **总成本**：指一定时期某种、某类、某批或全部菜点成品的成本总额。

◆ **单位成本**：指单个产品的生产耗费称为单位产品成本。

例如制作小蛋糕，批量为 100 份，100 份小蛋糕的总成本为 350.00 元，则每份小蛋糕的成本为 3.50 元。

（1）直接成本的控制

餐饮部门成本变动大，价格折扣的幅度就会影响成本的变动，控制餐饮成本是减少企业成本支出的重要途径。

有效的餐饮成本控制，并非一味地缩减开支或采购低成本的原料，企图节省支出费用，而是指以科学的方法来分析支出费用的合理性。在所有动作开展之前，规划以年或月为单位的开销预算，然后监督整个过程的花费是否合乎既定的预算，最后以评估和检讨的方式来修正预算，改善控制系统。

　　首先，建立成本标准，要决定各项支出的比例，比如每一次采购的分量等。采购过量，可能会造成储存的困难，使食物耗损的机会增加（尤其是生鲜产品）；但采购数量太少，又可能造成供不应求、缺货，而且单价也会随之提高。所以准确地预测销售，定时盘点，且机动性地改变部分菜单，以保存使用的安全量，都是采购人员与库存管理人员需注意的要点。

　　然后，记录实际的操作成本，真实反映实际操作中的花费，有时会有人为的浪费，但只要是在合理范围内，都是允许的。影响操作成本的十大因素可归纳如下。

　◆　运送错误。

　◆　储藏不当。

　◆　制作消耗。

　◆　烹调缩水。

　◆　食物分量控制不均。

　◆　服务不当。

　◆　有意或无心的现金短收。

　◆　未能充分利用剩余食物。

　◆　员工偷盗。

　◆　供应员工餐饮之用。

　　最后，菜单的设计以及标准器皿的使用也是影响成本的因素，每道菜制作所需的人力、时间、原料、数量及其供应情形，会反映在标准单价上，所以设计菜单时要注意上述因素，慎选菜色的种类和数量。

　　（2）间接成本的控制

　　间接成本的控制主要分两个方面，一是薪资成本，二是水电、固定资产等方面的消耗。

　◆　对薪资成本的控制。

　　训练不够的员工，工作效率自然不高，生产率也难以提高；疲惫不堪的员工，服务的质量也会降低，而这些都会影响人事费用的支出。由此可见，有效分配工作时间与工作量，并施以适当、适时的培训，是控制薪资成本的法宝。

薪资成本包括薪资、加班费、员工食宿费、保险金及其他福利，其中薪资成本的开销最大，约占营业总收入的两成至三成，主要依其经营风格的差异及服务品质的高低会略有浮动。

我们也可以采用一些方法适当降低薪资成本。

可以使用的方法有用机器代替人力。例如以自动洗碗机代替人工洗碗；重新安排餐厅内外场的设施和动线流程，以减少时间的浪费；改进人员分配的结构，使其更符合服务的实际需要。

◆ 控制水电、固定资产的消耗。

员工若没有节约能源的习惯，则会造成许多物品与能源的浪费，如水、电、纸巾、事务用品。另外，员工不熟悉机器设备的使用方式，则会增加修理的次数，从而增加修理费支出，增加公司的负担。员工养成良好的工作习惯，切实执行各部门物品的控制及严格的仓储管理，便能聚水成河，积少成多。

（3）餐饮成本的核算

餐饮成本核算与一般生产性企业的成本核算不同，下面通过案例了解。

| 范例解析 | 领用餐饮原材料的账务处理

2×20 年 10 月 1 日，餐饮部领用国庆假期期间餐饮配料原材料，根据领料出库单，本次领用原材料成本 10 000.00 元，账务处理如下。

借：主营业务成本——餐饮部　　　　　　　　　　10 000.00
　　贷：原材料　　　　　　　　　　　　　　　　　　　10 000.00

| 范例解析 | 委托加工物资的账务处理

恺宾酒店委托腐竹加工厂加工腐竹 100 千克，已知发出黄豆 500 千克，每千克 5.00 元，开出委托加工物资订单如图 5-1 所示。

材料名称及规格	单位	数量	单价（元）	金额（元）	加工后产品		
					名称	单位	数量
黄豆	千克	500	5.00	2 500.00	腐竹	千克	100
合计				2 500.00			

图 5-1　委托加工物资订单

根据委托加工物资订单编制如下会计分录。

借：委托加工物资　　　　　　　　　　　　　　　　2 500.00

　　贷：原材料——黄豆　　　　　　　　　　　　　　　　2 500.00

支付加工费用 600.00 元时。

借：委托加工物资　　　　　　　　　　　　　　　　600.00

　　贷：银行存款　　　　　　　　　　　　　　　　　　600.00

委托加工材料收回时，由业务部门填制"委托加工材料入库单"，一式两联，一联由仓库验收后留存；另一联交由财会部门入账，相关账务处理如下所示。

借：原材料——腐竹　　　　　　　　　　　　　　　　3 100.00

　　贷：委托加工物资　　　　　　　　　　　　　　　　3 100.00

如图 5-2 所示为相关人员填制的委托加工材料入库单。

收回原材料名称	单位	数量	耗用原材料				加工费用（元）	总成本（元）
			名称	单位	数量	金额（元）		
腐竹	千克	100	黄豆	千克	500	2 500.00	600.00	3 100.00
合计								3 100.00

图 5-2　委托加工材料入库单

5.1.3　酒店售卖商品成本的账务核算

在日常经营活动中，酒店餐饮业会有自己的零售商品售卖，或者直接摆放在酒店客房里，明码标价地销售。如果没有使用，就不计算成本。但这些商品都有自己的有效期限，若超过使用期限还没有卖出，那么也要计算成本。

我们在核算酒店售卖小商品时，应在仓库每次入库小商品时，计入"库存商品"科目，在出库售卖后，根据每月月底盘点表，计算本月小商品出售成本，计入"主营业务成本"或者"其他业务成本"科目，贷记"库存商品"科目。

| 范例解析 | **客服部零售商品成本的账务处理**

恺宾酒店 2×20 年 5 月 1 日购进一批计生用品，用于客房零售，该批计生用品进价成本 1 500.00 元，共 300 个，商品购进时的账务处理如下。

借：库存商品——计生用品　　　　　　　　　　　　1 500.00

　　贷：银行存款　　　　　　　　　　　　　　　　1 500.00

截至 5 月 31 日，根据仓库盘点表统计，该批计生用品已全部销售完毕，零售价 10.00 元一个，账务处理如下。

增值税销项税额 =10.00×300÷（1+6%）×6%=169.81（元）

计入其他业务收入 =10.00×300−169.81=2 830.19（元）

借：银行存款　　　　　　　　　　　　　　　　　　3 000.00

　　贷：其他业务收入——客房部　　　　　　　　　2 830.19

　　　　应交税费——应交增值税（销项税额）　　　　169.81

同时结转成本。

借：主营业务成本——客房部　　　　　　　　　　　1 500.00

　　贷：库存商品　　　　　　　　　　　　　　　　1 500.00

5.2　期间费用的核算

期间费用是指企业日常经营活动中不能直接归属于某个特定成本核算对象的,在发生时应直接计入当期损益的各种费用。期间费用包括管理费用、销售费用和财务费用。

在酒店餐饮业的日常核算中，管理费用、财务费用和销售费用这三种期间费用都可能发生。这些费用不计入成本，计入所属会计期间的企业当期损益，所以统称期间费用。

5.2.1 管理费用的内容及账务核算

企业在日常经营管理中，发生的各项经费支出统称为管理费用，包括：管理人员的工资、福利费、差旅费，办公费，折旧费，修理费，物料消耗，低值易耗品摊销和其他经费等。具体的费用项目内容说明如表 5-1 所示。

表 5-1　酒店餐饮业的管理费用项目

项　　目	说　　明
办公费用	指企业在生产经营中因办公所需而购买笔、纸等支付的费用
折旧费	是企业固定资产每月折旧的折旧费
工会经费	即按职工工资总额的一定比例计提拨交给工会的经费
职工教育经费	即按职工工资总额的一定比例计提，用于职工培训学习，以提高其文化技术水平的费用
咨询费	即支付给咨询机构进行经营管理咨询的费用
审计费	聘请注册会计师进行查账、验资、资产评估、汇算等发生的费用
诉讼费	即因起诉或应诉而支付的各项诉讼费用
税金	即企业按规定支付的房产税、车船使用税、土地使用税和印花税等税费，是增值税及所得税等税种以外的一些不固定税费
土地使用费	即企业使用国有土地而支付的使用费
技术转让费	即企业购买或使用专有技术而支付的技术转让费
无形资产摊销	即场地使用权、工业产权及专有技术和其他无形资产的摊销
递延资产摊销	即开办费和其他长期资产的摊销
坏账准备	即企业按年末应收账款计提的坏账准备
业务招待费	即企业为业务经营的合理需要而发生的业务招待费
其他费用	即不包括在上述项目中的其他管理费用，如绿化费、排污费

企业应设置"管理费用"科目，反映管理费用的发生及结转情况。

发生管理费用时，借记该科目，贷记"库存现金""银行存款""长期待摊费用""无形资产""坏账准备""存货跌价准备""累计折旧""应付职工薪酬"和"应交税费"等科目。

期末，应将该科目余额结转至"本年利润"科目中，结转后该科目无余额。

| 范例解析 |　购买办公用品的账务处理

恺宾酒店购买一批办公用品，笔纸合计 820.00 元，已开具电子普通发票，钱款已通过银行支付，假设不考虑增值税。

借：管理费用——办公费　　　　　　　　　　820.00

　　贷：银行存款　　　　　　　　　　　　　　820.00

根据《中华人民共和国工会法》（简称《工会法》）的规定，工会经费的来源有五个方面。

- ◆　工会会员缴纳的会费。
- ◆　建立工会组织的企业、事业单位、机关按每月全部职工工资总额的 2% 向工会拨缴的经费。
- ◆　工会所属的企业、事业单位上缴的收入。
- ◆　人民政府的补助。
- ◆　其他收入。

对于企业来说，这部分工会经费在取得合理凭证后可以税前列支，企业所得税法也规定工会经费不超过工资薪金总额 2% 的部分，准予扣除。

| 范例解析 |　工会经费的账务处理

恺宾酒店成立了工会组织，2×20 年 4 月计提当月工资时，同时计提了薪金总额 2% 的工会经费，金额 6 000.00 元，相关账务处理如下。

借：应付职工薪酬——工会经费　　　　　　　6 000.00

　　　　贷：其他应付款——工会　　　　　　　　　　　6 000.00

拨付到工会时。

　　借：管理费用——工会经费　　　　　　　　　　6 000.00

　　　　贷：应付职工薪酬——工会经费　　　　　　　　6 000.00

　　借：其他应付款——工会　　　　　　　　　　　6 000.00

　　　　贷：银行存款　　　　　　　　　　　　　　　6 000.00

| 范例解析 |　咨询费的账务处理

　　恺宾酒店 2×19 年 7 月因酒店业务原因，聘请律师事务所来咨询相关问题，支付咨询费 2 000.00 元，已银行付讫，账务处理如下。

　　借：管理费用——咨询费　　　　　　　　　　　2 000.00

　　　　贷：银行存款　　　　　　　　　　　　　　　2 000.00

5.2.2　财务费用的内容及账务核算

　　财务费用是为进行资金筹集等理财活动而发生的各项费用，包括利息支出（减利息收入）、汇兑损失（减汇兑收益）以及相关的手续费和其他财务费用等。

　　利息支出。指企业短期借款利息、长期借款利息、应付票据利息、票据贴现利息、应付债券利息等扣除利息收入后的净额。

　　汇兑损失。指企业因向银行结售或购入外汇而产生的银行买入、卖出价与记账所采用的汇率之间的差额，以及月度（季度、年度）终了，各种外币账户的外币期末余额，按照期末规定汇率折合的记账人民币金额与原账面人民币金额之间的差额等。

　　相关的手续费。指银行汇款收取的手续费、银行账户管理等手续费。

　　其他财务费用。如融资租入固定资产发生的融资租赁费用等。

　　企业应设置"财务费用"科目，反映财务费用的发生和结转情况。

发生财务费用时，借记该科目，贷记"银行存款""长期借款"等科目；发生应冲减的利息收入、汇兑收益时，借记"银行存款""长期借款"等科目，贷记该科目。

期末，应将该科目余额结转至"本年利润"科目中，结转后该科目应无余额。

"财务费用"科日应按费用项目设置明细科目，进行明细分类核算。

| 范例解析 | 银行手续费的账务处理

恺宾酒店 2×20 年 3 月结束业务，完成基本户银行账户的收付款操作，银行直接扣取收付款手续费 351.26 元，账务处理如下。

借：财务费用——手续费　　　　　　　　　351.26
　　贷：银行存款　　　　　　　　　　　　　　351.26

| 范例解析 | 银行利息收入的账务处理

恺宾酒店 2×20 年 3 月结束业务，完成基本户银行账户活期账户存款结存，月底收到银行存款利息 654.33 元，账务处理如下。

借：银行存款　　　　　　　　　　　　　654.33
　　贷：财务费用——利息收入　　　　　　　　654.33

| 范例解析 | 现金折扣的账务处理

恺宾酒店系增值税一般纳税人，主营餐饮、住宿。为了拓展市场，扩大销售，鼓励订房者尽快付讫费用，决定采用现金折扣方式，在退房日起 3 日内付款则享受 1% 的折扣。正常销售价格为 428.00 元 / 间（不含税）。现有 C 企业前来订购房间 100 间。（住宿收入的增值税税率为 6%）

不含税销售额 =428.00×100=42 800.00（元）

增值税销项税额 =42 800.00×6% =2 568.00（元）

价税合计 =42 800.00+2 568.00=45 368.00（元）

销售实现时账务处理如下。

借：应收账款　　　　　　　　　　　　45 368.00

　　　　贷：主营业务收入——客账　　　　　　　42 800.00

　　　　　　应交税费——应交增值税（销项税额）　　2 568.00

规定时间内付款的账务处理如下。

现金折扣 =45 368.00×1%=453.68（元）

借：银行存款　　　　　　　　　　　　　　44 914.32

　　财务费用　　　　　　　　　　　　　　　　453.68

　　贷：应收账款　　　　　　　　　　　　　45 368.00

5.2.3　销售费用的内容及账务核算

　　销售费用是与企业销售商品活动有关的费用，但不包括销售商品本身的成本和劳务成本，这两类成本属于主营业务成本。

　　在酒店餐饮业中，销售费用包括酒店在销售过程中发生的保险费、包装费、展览费和广告费、维修费、预计产品质量保证损失、运输费、装卸费等，以及为销售酒店产品而专设的销售部门的职工薪酬、业务费和折旧费等。

　　会计核算时应设置"销售费用"科目。

　　酒店在销售商品过程中发生的包装费、保险费、展览费和广告费、运输费和装卸费等费用，比如酒店宣传活动等发生的展览费，借记本科目，贷记"库存现金"或"银行存款"等科目。

　　酒店发生的为销售本企业商品而专设的销售部门的职工薪酬、业务费等经营费用，借记本科目，贷记"应付职工薪酬""银行存款"或"累计折旧"等科目。

　　期末，应将本科目余额转入"本年利润"科目中，结转后，本科目应无余额。

　　"销售费用"科目应按销售费用的费用项目设置明细科目，进行明细分类核算。

　　在日常核算中，酒店应建立销售费用管理制度，来控制销售费用的使用和发生。

销售费用管理制度包括销售人员报酬制度、差旅费用管理制度、培训费用管理制度、招待费用管理制度、广告费用管理制度和公关费用管理制度等，只有建立完善的管理制度，才能控制企业的费用。

下面通过几个具体实例的学习，了解酒店餐饮业发生的销售费用的财务核算。

│ 范例解析 │ 广告宣传费的账务处理

恺宾酒店 2×20 年 1 月，为了迎接春节假期的到来，特推出相关宣传活动，如宣传广告的投放，当月支付广告宣传费 5 000.00 元，账务处理如下。

借：销售费用——广告宣传费　　　　　　　　5 000.00

　　贷：银行存款　　　　　　　　　　　　　　　5 000.00

│ 范例解析 │ 销售部门人员工资的账务处理

恺宾酒店 2×20 年 1 月计算销售部门人员工资 20 000.00 元，暂不考虑社保、住房公积金和个人所得税。相关账务处理如下。

借：销售费用——工资　　　　　　　　　　20 000.00

　　贷：应付职工薪酬——工资　　　　　　　　20 000.00

下月支付员工工资时。

借：应付职工薪酬——工资　　　　　　　　20 000.00

　　贷：银行存款　　　　　　　　　　　　　　20 000.00

│ 范例解析 │ 月末销售费用结转的账务处理

接上述案例，月末结转销售费用，账务处理如下。

借：本年利润　　　　　　　　　　　　　　25 000.00

　　贷：销售费用——广告宣传费　　　　　　　5 000.00

　　　　　　　　——工资　　　　　　　　　20 000.00

关于所有者权益的账务核算

第6章

　　所有者权益，从字面上理解就是企业所有者的利益，通俗地说就是企业所有者应享有的权利。从报表上看，就是资产减负债后所有者享有的剩余权益，即企业的所有资产（包括各种现金、实物以及预收暂收的款项）扣除所有负债（应付账款、短期借款等）之后所留存的净收益。本章我们就来了解有关所有者权益的相关内容。

6.1 实收资本和资本公积的核算

实收资本和资本公积都是所有者权益的项目，区别在于实收资本是企业成立之初各股东投入的资金，而资本公积是运营过程中积攒的资本。

实收资本是投资者按照企业章程或合同、协议的约定，实际投入企业的资本，它是企业注册登记的法定资本总额的来源，表明所有者对企业的基本产权关系。

资本公积是指企业在经营过程中由于接受捐赠、股本溢价以及法定财产重估增值等原因所形成的公积金。资本公积是与企业收益无关而与资本相关的贷项，是投资者或者他人投入到企业、所有权归属于投资者且投入金额上超过法定资本总额部分的资本。

6.1.1 接受货币投资的账务核算

企业要进行经营，必须要有一定的"本钱"。这里所说的本钱就是实收资本。

实收资本（或股本）的构成比例是确定所有者参与企业财务经营决策的基础，也是企业进行利润分配或股利分配的依据，同时还是企业清算时确定所有者对净资产要求权的依据。

对于以货币投资的，主要根据收款凭证加以确认与验证，如以银行转账凭证予以验证。对于外方投资者的外汇投资，应取得利润来源地外汇管理局的证明。

对于以房屋建筑物、机器设备和材料物资等实物资产作价出资的，应以各项有关凭证为依据进行确认，如房产证明，并应进行实物清点，实地勘察以核实有关投资实物。

对于以专利权、专有技术、商标权和土地使用权等无形资产作价出资的，应以各项有关凭证及文件资料作为确认与验证的依据。外方合营者出资的工业产权与专有技术，必须符合规定的条件。

企业接受投资者投入的资本，借记"银行存款""固定资产""无形资产"和"长期股权投资"等科目，按其在注册资本或股本中所占份额，贷记本科目，按其差额，贷记"资本公积——资本溢价"或"资本公积——股本溢价"等科目。

| 范例解析 | 接受货币投资的账务处理

恺宾酒店 2×18 年 10 月 1 日收到甲公司投入的资本 4 000 000.00 元，会计处理如下。

> 借：银行存款　　　　　　　　　　　　4 000 000.00
>
> 　　贷：实收资本——甲公司　　　　　　4 000 000.00

6.1.2　接受非货币投资的账务核算

在酒店餐饮业中，有时会遇到投资者一方以房屋建筑物作为资本作价投资，这种情况就是非货币投资的形式。

投资者以非现金资产投入的资本，应按投资各方确认的价值作为实收资本入账。为首次发行股票而接受投资者投入的无形资产，应按该项无形资产在投资方的账面价值入账。如果是建筑物，则以房屋产权价值作为确认条件。

企业接受投资者投入的非货币资本，借记"固定资产""无形资产"等科目，按其在注册资本或股本中所占份额，贷记本科目；按其差额，贷记"资本公积——资本溢价"或"资本公积——股本溢价"等科目。

| 范例解析 | 接受非货币投资的账务处理

恺宾酒店 2×20 年 10 月 1 日，收到丙公司作为资本投入的房屋一栋和设备一台，确认的价值分别为 2 000 000.00 元和 200 000.00 元，共计 2 200 000.00 元。账务处理如下。

借：固定资产——房屋　　　　　　　　　　2 000 000.00

　　　　——设备　　　　　　　　　　200 000.00

　　贷：实收资本——丙公司　　　　　　　　　2 200 000.00

6.1.3　减少注册资本的账务处理

企业按法定程序报经批准减少注册资本的，借记本科目，贷记"银行存款"科目。本科目期末贷方余额，反映企业实收资本或股本总额。

| 范例解析 |　减少注册资本的账务处理

恺宾酒店因投资者甲公司个人原因，经批准减少注册资本 500 000.00 元，已办妥相关手续，以银行存款发还所有者投资款 500 000.00 元。应编制如下会计分录。

借：实收资本——甲公司　　　　　　　　　500 000.00

　　贷：银行存款　　　　　　　　　　　　　500 000.00

6.1.4　资本公积的核算内容与账务处理

资本公积是企业收到投资者的超出其在企业注册资本（股本）中所占份额的投资，以及直接计入所有者权益的利得和损失等。它包括资本溢价（股本溢价）、其他资本公积等。

资本溢价是指投资者缴付企业的出资额大于其在企业注册资本中所拥有份额的数额。股本溢价是指股份有限公司溢价发行股票时，实际收到的款项超过股票面值总额的数额。在酒店餐饮业中，我们大多数接触的都为非股份有限公司，此处股本溢价就不再详细讲解。

在企业创立初期，企业出资者缴纳全部出资额，但在有新投资者加入时，为了维护原有投资者的权益，新加入的投资者出资额并不全部作为实收资本处理。原因是企业创立初期从投入到盈利，这一过程中具有很多风险性，利润率很低。而后期加入的投资者已避开这一阶段，所以新加入的投资者要付出大于原有投资者的出资额，才能取得与原有投资者相同的投资比例。

其他资本公积是指除资本溢价（股本溢价）项目以外形成的资本公积，主要包括直接计入所有者权益的利得和损失。

根据我国《公司法》的相关规定，资本公积的用途主要是用来转增资本（股本）。虽然资本公积转增资本时并不能使所有者权益总额增加，但资本公积转增资本后，一方面可以改变企业投入资本结构，体现企业稳健、持续发展的潜力；另一方面，对股份有限公司而言，它会增加投资者持有的股份，从而增加公司的股票流通量，进而激活股价，提高股票的交易量和资本的流动性。

为了反映企业资本公积来源以及使用情况，需要按照资本公积类别设置明细账，进行明细分类核算。新准则中规定，企业形成的资本公积在"资本公积"账户下核算。该账户按"资本（股本）溢价"和"其他资本公积"两个明细科目进行明细分类核算。

"资本公积"科目的贷方登记企业资本公积的增加数，借方登记资本公积的减少数，期末余额一般在贷方，反映企业资本公积实有数。

企业收到投资者投入的资本时，借记"银行存款""固定资产"和"无形资产"等科目，按其在注册资本或股本中所占份额，贷记"实收资本"或"股本"科目，按其差额，贷记"资本公积——资本溢价"或"资本公积——股本溢价"科目。

企业经股东大会或类似机构决议，用资本公积转增资本时，借记"资本公积——资本溢价"或"资本公积——股本溢价"科目，贷记"实收资本"

或"股本"科目。

| 范例解析 | 新加入投资者关于资本公积的账务处理

恺宾酒店由甲、丙公司共同出资建立,甲、丙出资分别为 3 500 000.00 元、2 200 000.00 元,实收资本共 5 700 000.00 元。次年新加入投资者丁公司表示愿意出资 3 000 000.00 元,约定占资本份额的 25%,会计处理如下。

丁投资者实收资本 =(5 700 000.00÷75%)×25%=1 900 000.00(元)

丁投资者资本溢价 =3 000 000.00−1 900 000.00=1 100 000.00(元)

借:银行存款 3 000 000.00

贷:实收资本——丁投资者 1 900 000.00

资本公积——资本溢价 1 100 000.00

按照《公司法》的规定,法定盈余公积转增为资本或股本时,所留存的该项盈余公积不得少于转增前公司注册资本的 25%。

| 范例解析 | 资本公积转增资本的账务处理

恺宾酒店由甲、丙公司共同出资建立,甲出资 3 500 000.00 元,丙出资 2 200 000.00 元,设立时实收资本合计 5 700 000.00 元。为了扩大经营规模,经批准,恺宾酒店按照出资比例将资本公积 2 000 000.00 元转增资本。相关账务处理如下。

甲公司占据转增资本金额 =3 500 000.00÷5 700 000.00×2 000 000.00= 1 228 070.18(元)

丙公司占据转增资本金额 =2 200 000.00÷5 700 000.00×2 000 000.00= 771 929.82(元)

借:资本公积 2 000 000.00

贷:实收资本——甲公司 1 228 070.18

——丁公司 771 929.82

6.2 盈余公积的账务核算

盈余公积指企业的各种积累资金，包括法定盈余公积、任意盈余公积和法定公益金。

一家企业发展如何，最直观的体现是年末的收益。企业获得的利润越大，基本可以说明该企业经营状态良好。而且每到年末，大多数企业都会按照规定，从净利润中提取并积累一定的资金，在今后的运营中以备他用，这就是盈余公积。简单来说，盈余公积是指企业从税后利润中提取形成的、存留于企业内部、具有特定用途的收益积累。本节主要讲解盈余公积的有关账务处理。

6.2.1 提取盈余公积的账务处理

企业应设置"盈余公积"科目，核算盈余公积的提取和使用等增减变动情况。另外还应当分别设置"法定盈余公积""任意盈余公积"等明细科目进行明细核算。企业按规定提取的盈余公积，借记"利润分配——提取法定盈余公积、提取任意盈余公积"科目，贷记本科目（法定盈余公积、任意盈余公积）。

根据相关法律的规定，企业的法定盈余公积按照税后利润的 10% 提取，法定盈余公积累计额已达到注册资本的 50% 时可以不再提取。企业提取的盈余公积可用于弥补亏损、扩大生产经营、转增资本（或股本）或派送新股等。

任意盈余公积主要是上市公司按照股东大会的决议比例提取。法定盈余公积和任意盈余公积的区别就在于其各自计提的依据不同。前者以国家的法律或行政规章为依据提取，后者则由公司自行决定提取。

经股东大会或类似机构决议，用盈余公积弥补亏损的，借记本科目，贷记"利润分配——盈余公积补亏"科目；用盈余公积派送新股的，按派送新股计算的金额，借记本科目，按股票面值和派送新股总数计算的股票面值总额，贷记"股本"科目。

在酒店餐饮业中，大多数都是中小型的酒店，是不会涉及比较复杂的账务核算的，比如派送新股。"盈余公积"科目期末贷方余额，反映企业的盈余公积结存数。

| 范例解析 | 　年末提取盈余公积的账务处理

恺宾酒店 2×19 年因为运营得当，最终实现净利润 500 000.00 元。根据《公司法》的相关规定及其股东大会的决定，作出如下裁定：按 10% 的比例提取法定盈余公积，按 3% 的比例提取任意盈余公积。编写相关会计分录如下。

提取法定盈余公积 = 净利润 × 提取比例 =500 000.00×10%=50 000.00（元）

提取任意盈余公积 = 净利润 × 提取比例 =500 000.00×3%=15 000.00（元）

借：利润分配——提取法定盈余公积　　　　　　　50 000.00

　　　　　　——提取任意盈余公积　　　　　　　15 000.00

　　贷：盈余公积——法定盈余公积　　　　　　　　　50 000.00

　　　　　　——任意盈余公积　　　　　　　　　　　15 000.00

6.2.2　盈余公积转增资本的账务处理

当企业需要将盈余公积转增资本时，必须经股东大会决议批准方可。

企业将盈余公积转增资本时，应按照转增资本前的实收资本结构比例，将盈余公积转增资本的数额计入"实收资本"科目下各所有者的投资明细账，相应地增加各所有者对企业的投资。

在实际将盈余公积转增资本时，要按股东原有持股比例结转。并且，盈余公积转增资本时，转增后留存的盈余公积的数额不得少于转增前注册资本的 25%。

用盈余公积转增资本，借记"盈余公积"科目，贷记"实收资本"或"股本"科目。企业以盈余公积转增资本时，也只是在减少盈余公积结存数额的同时增加企业实收资本或股本的数额，所以并不引起所有者权益总额的变动。

| 范例解析 | 盈余公积转增资本的账务处理

恺宾酒店经股东大会决议，决定将法定盈余公积 50 000.00 元转增资本，按规定增资程序获得批准后，应编制如下会计分录。

借：盈余公积——法定盈余公积　　　　　　　50 000.00

　　贷：实收资本　　　　　　　　　　　　　　　　50 000.00

6.2.3　盈余公积弥补亏损的账务核算

企业发生亏损时，应由企业自行弥补。弥补亏损的渠道主要有以下三条。

用以后年度税前利润弥补。按照现行制度规定，企业发生亏损时，可以用以后 5 年内实现的税前利润弥补，即税前利润弥补亏损的期间为 5 年。

用以后年度税后利润弥补。企业发生的亏损经过 5 年期间未弥补足额的，尚未弥补的亏损应用扣除企业所得税后的利润弥补。

以盈余公积弥补亏损。企业以提取的盈余公积弥补亏损时，应当由公司董事会提议，并经股东大会批准。

> **知识延伸** | 关于盈余公积分配股利的问题
>
> 原则上企业当年没有利润，不得分配股利。如为了维护企业信誉，用盈余公积分配股利，必须符合下列条件。
> 1. 用盈余公积弥补亏损后，该项公积金仍有结余。
> 2. 用盈余公积分配股利时，股利率不能太高，不得超过股票面值的 6%。
> 3. 分配股利后，法定盈余公积金不得低于分配前注册资本的 25%。
> 提取盈余公积本身就属于利润分配的一部分，一经提取形成盈余公积后，在一般情况下不得用于向投资者分配利润或股利。

企业以盈余公积弥补亏损时，实际是减少盈余公积留存的数额，以此抵补未弥补亏损的数额，并不引起企业所有者权益总额的变动；用盈余公积弥补亏损时借记"盈余公积——法定（或任意）盈余公积"科目，贷记"利润分配——盈余公积补亏"科目。

| 范例解析 | **盈余公积弥补亏损的账务处理**

恺宾酒店以前年度发生经营亏损 50 000.00 元，经股东大会决议，用法定盈余公积弥补，会计核算上应编制如下会计分录。

借：盈余公积——法定盈余公积　　　　　　　50 000.00

　　贷：利润分配——盈余公积补亏　　　　　　　50 000.00

6.3　本年利润核算

在任何行业任何企业，投资者最关注的一点就是利润，也是投资者应享有的回报。本年利润就体现在财务报表中，本节我们就来了解本年利润的相关内容。

6.3.1　结转本年利润的方法

本年利润是一个汇总类科目，记录一个企业从每个纳税年度的 1 月 1 日至 12 月 31 日的一个利润动态指标。

本年利润是反映一个企业某年的净利润（或净亏损）。"本年利润"科目的贷方登记企业当期所实现的各项收入，包括主营业务收入、其他业务收入、投资收益和营业外收入等。借方登记企业当期所发生的各项费用与支出，包括主营业务成本、税金及附加、其他业务成本、销售费用、管理费用、财务费用、投资净损失、营业外支出和所得税费用等。

企业期（月）末结转利润时，应将上述损益类科目全部结平，结转后本科目的贷方余额为当期实现的净利润；借方余额为当期发生的净亏损。

本年利润=（主营业务收入+其他业务收入+营业外收入等）-（主营业务成本+税金及附加+销售费用+管理费用+财务费用+营业外支出等）-所得税费用

年度终了，应将本年收入和支出相抵后结出的本年实现的净利润转入"利润分配"科目，借记"本年利润"科目，贷记"利润分配——未分配利润"科目；如为净亏损，则做相反的会计分录。结转后本科目应无余额。

"本年利润"账户的余额表示年度内累计实现的净利润或净亏损，该账户平时不结转，年终一次性转至"利润分配——未分配利润"账户，借记"本年利润"科目，贷记"利润分配——未分配利润"科目，如为亏损则做相反分录。

年终利润分配的各明细账应只有"未分配利润"有余额，所以需将其他明细账转平，借记"利润分配——未分配利润"科目，贷记"利润分配——提取法定盈余公积（或提取任意盈余公积）"等科目。

至此，所有结转分录可以画上一个圆满的句号。

6.3.2　结转本年利润的账务核算

上一节我们详细介绍了关于期（月）末结转本年利润的方法和具体操作。实际我们在日常核算中，特别是酒店餐饮业，每月末都要完整结转所有的收入、成本、费用类科目，这样才能清楚计算当月所实现的净利润。

结转工作也是会计从业者的月末、期末工作的重头戏，利润核算更是投资者最关注的一项内容。下面将通过实例来讲解酒店餐饮业的结转利润的账务核算。

| 范例解析 | 结转本年利润的账务处理

恺宾酒店有关损益类科目的年末余额如图6-1所示。该企业适用的企业所得税税率为25%。

科目名称	借或贷	结账前余额（元）
主营业务收入	贷	7 000 000.00
其他业务收入	贷	700 000.00
公允价值变动损益	贷	150 000.00
投资收益	贷	600 000.00
营业外收入	贷	50 000.00
主营业务成本	借	5 000 000.00
其他业务成本	借	300 000.00
税金及附加	借	80 000.00
销售费用	借	500 000.00
管理费用	借	770 000.00
财务费用	借	200 000.00
资产减值损失	借	100 000.00
营业外支出	借	250 000.00

图6-1 年末损益类科目余额

将各损益类科目年末余额结转入"本年利润"科目。

①结转各项收入、利得类科目。

借：主营业务收入   7 000 000.00

  其他业务收入   700 000.00

  公允价值变动损益   150 000.00

  投资收益   600 000.00

  营业外收入   50 000.00

  贷：本年利润   8 500 000.00

②结转各项费用、损失类科目。

借：本年利润   7 200 000.00

  贷：主营业务成本   5 000 000.00

    其他业务成本   300 000.00

税金及附加	80 000.00
销售费用	500 000.00
管理费用	770 000.00
财务费用	200 000.00
资产减值损失	100 000.00
营业外支出	250 000.00

经过上述结转后，"本年利润"科目的贷方发生额合计 8 500 000.00 元，借方发生额合计 7 200 000.00 元，即得出税前会计利润（利润总额）共计 1 300 000.00 元（8 500 000.00-7 200 000.00）。假设该年度不存在所得税纳税调整因素。

应交企业所得税 =1 300 000.00×25%=325 000.00（元）

①确认所得税费用。

借：所得税费用   325 000.00

  贷：应交税费——应交企业所得税   325 000.00

②将所得税费用结转入"本年利润"科目。

借：本年利润   325 000.00

  贷：所得税费用   325 000.00

③将"本年利润"科目年末余额 975 000.00 元（1 300 000.00-325 000.00）转入"利润分配——未分配利润"科目。

借：本年利润   975 000.00

  贷：利润分配——未分配利润   975 000.00

6.4　利润分配的内容及核算

一个营利性质企业，赚来的钱大部分是用掉的，也就是分配给不同的单位、不同的人。

本年利润在缴纳企业所得税后，就是净利润，也就是企业当年赚取的可以分配的利润；如果是负数，当年就没有可以分配的利润了。当年有可分配的利润时，一般会优先用于企业的发展、职工奖励及福利，给投资者分配利润或股利等。

盈利时，会涉及"利润分配"科目以及"未分配利润"明细科目的使用。"本年利润"与"利润分配"是会计核算科目。而"未分配利润"则不属于会计核算科目，而是一种所有者权益资金状态。

6.4.1 利润分配的内容及顺序

在我国，根据《公司法》规定，利润分配有一定的顺序。

◆ **第一步，**计算可供分配的利润。如果可供分配的利润为负数（即亏损），则不能进行后续分配；如果可供分配的利润为正数（即本年累计盈利），则进行后续分配。

◆ **第二步，**计提法定盈余公积金。只有不存在年初累计亏损时，才能按本年税后利润计算应提取数。有以前年度亏损时，先弥补亏损，再用余额计算提取数。

◆ **第三步，**计提任意盈余公积金。

◆ **第四步，**向股东（投资者）支付股利（分配利润）。若有优先股分配，应在提取任意盈余公积前分配。

公司股东大会或董事会违反上述利润分配顺序，在抵补亏损和提取法定盈余公积金、公益金之前向股东分配利润的，必须将违反规定发放的利润退还公司。

下面通过简单的"利润分配表"来继续了解一下本年利润（净利润），如图6-2所示，以及利润分配和最后未分配利润之间的关系。

项目	行次	本年金额	上年金额
一、净利润	1		
加：年初未分配利润	2		
其他转入	3		
二、可供分配的利润	4		
减：提取法定盈余公积	5		
提取公益金	6		
提取职工奖励及福利基金	7		
提取储备基金	8		
提取企业发展基金	9		
利润归还投资	10		
三、可供投资者分配的利润	11		
减：应付优先股股利	12		
提取任意盈余公积			
应付普通股股利	13		
四、未分配利润	14		

图 6-2　利润分配表

6.4.2　利润分配的账务核算

利润分配是按照国家有关规定，对企业的净利润进行分配的会计核算业务。企业本年实现的净利润加上年初未分配利润和其他转入，减去年初未弥补亏损后的余额，为可供分配的利润，这一可供分配利润就是接下来利润分配的基数。

为了反映利润分配的过程和结果，企业应设置"利润分配"科目，并在科目下设置"提取法定盈余公积""提取任意盈余公积""应付现金股利""盈余公积补亏"和"未分配利润"等明细科目，进行明细核算。

年度终了，企业应将实现的全年净利润自"本年利润"账户转入"利润分配——未分配利润"账户，同时将利润分配下面的其他明细科目的余额转入"未分配利润"科目。结转后，除"利润分配——未分配利润"账户，其他"利润分配"明细账户应无余额。

| 范例解析 | 利润分配的账务处理

恺宾酒店 2×19 年实现净利润 975 000.00 元，按净利润 10% 提取法定盈余公积，向普通股股东分配每股 0.2 元现金股利。已知流通在外的普通股股数为 2 000 000 股，有关账务处理如下。

提取法定盈余公积 =975 000.00×10%=97 500.00（元）

借：利润分配——提取法定盈余公积　　　　　97 500.00

　　贷：盈余公积——法定盈余公积　　　　　　　97 500.00

分配现金股利 =2 000 000.00×0.2=400 000.00（元）

借：利润分配——应付股利　　　　　　　　　400 000.00

　　贷：应付股利　　　　　　　　　　　　　　400 000.00

结转"利润分配"账户的其他明细账户。

借：利润分配——未分配利润　　　　　　　　497 500.00

　　贷：利润分配——提取法定盈余公积　　　　　97 500.00

　　　　　　　　——应付现金股利　　　　　　400 000.00

假设年初未分配利润无余额，则 2×19 年年末的未分配利润有 477 500.00 元（975 000.00−497 500.00）。

应纳税款的核算与相关税务操作

第1章

　　如何计算应纳税款以及税收策划是企业管理和财务工作的很重要的两大事项。想要做好这项工作，就要理解税额的计算方法和税收策划的内涵，并且了解其具体内容。企业进行税收策划是一项长期行为和事前策划活动，要有长远的战略眼光，这也是一个合格财务人员应该掌握的重要工作技能。

7.1　酒店纳税处理及账务核算

负有纳税义务、直接向政府缴纳税款的自然人和法人我们称之为纳税义务人。《中华人民共和国宪法》第五十六条规定："中华人民共和国公民有依照法律纳税的义务"，这是宪法规定的我国公民必须履行的一项基本义务。

7.1.1　增值税计算及账务处理

在计算增值税及处理账务前，需要掌握增值税的征税范围、纳税人、税率及优惠政策等知识，这是做好增值税计算缴纳的必要前提。

（1）增值税征税范围

增值税是发生在商品流转过程中的一个税种。它的征税范围分为一般规定和特殊规定，具体如表 7-1 所示。

表 7-1　增值税征税范围

征税范围	项　目	内　容
一般规定	销售或进口的货物（有形动产）	有偿转让货物所有权的行为，包含生产、批发、零售、货物流转的各个环节
	销售劳务	提供加工、修理修配劳务
	销售无形资产	包括技术、商标、著作权、商誉、自然资源使用权和其他权益性无形资产的所有权转让、使用权转让
	销售不动产	转让不动产所有权的业务活动
	销售服务	①交通运输服务：陆路运输服务、水路运输服务、航空运输服务、管道运输服务 ②邮政服务：邮政普遍服务（包括函件、包裹等邮件寄递，以及邮票发行、报刊发行和邮政汇兑等业务活动）、邮政特殊服务（包括义务兵平常信函、机要通信、盲人读物和革命烈士遗物的寄递等业务活动）和其他邮政服务（包括邮册等邮品销售、邮政代理等业务活动

征税范围	项 目	内 容
一般规定	销售服务	③建筑服务：工程服务（新建、改建各种建筑物、构筑物的工程作业）、安装服务（包括固话、有线电视、宽带、水、电、燃气、暖气等经营者向用户收取的安装费、初装费、开户费、扩容费以及类似收费）、修缮服务（对建筑物进行修补、加固、养护、改善）、装饰服务（包括物业服务企业为业主提供的装修服务）和其他建筑服务（如钻井、拆除建筑物、平整土地、园林绿化、纳税人将建筑施工设备出租给他人使用并配备操作人员） ④现代服务：研发和技术服务、信息技术服务、文化创意服务 、物流辅助服务、租赁服务、鉴证咨询服务、广播影视服务、商务辅助服务和其他现代服务 ⑤生活服务：文化体育服务、教育医疗服务、旅游娱乐服务、餐饮住宿服务、居民日常服务和其他生活服务 ⑥电信服务：基础电信服务、增值电信服务 ⑦金融服务：贷款服务、直接收费金融服务、保险服务、金融商品转让
特殊规定	特殊项目	①罚没物品，由经营单位购入拍卖物品再销售的 ②航空运输企业已售票但未提供航空运输服务取得的逾期票证收入，按照航空运输服务征收增值税
	视同发生应税销售行为	①将货物交付其他单位或者个人代销 ②销售代销货物 ③总分机构（不在同一县市）之间移送货物用于销售 ④将自产或委托加工的货物用于非增值税应税项目 ⑤将自产、委托加工的货物用于集体福利或个人消费 ⑥将自产、委托加工或购买的货物作为投资，提供给其他单位或个体经营者 ⑦将自产、委托加工或购买的货物分配给股东或者投资者 ⑧将自产、委托加工或购买的货物无偿赠送其他单位或者个人 ⑨单位或者个体工商户向其他单位或者个人无偿销售应税服务、无偿转让无形资产或者不动产，但用于公益事业或者以社会公众为对象的除外 ⑩财政部和国家税务总局规定的其他情形

征税范围	项　目	内　容
特殊规定	混合销售行为	一项销售行为如果既涉及货物又涉及服务，则称为混合销售

（2）了解一般纳税人及小规模纳税人划分标准

一般纳税人及小规模纳税人划分的标准是年应税销售额。年应税销售额指纳税人在连续不超过 12 个月或 4 个季度的经营期内累计获得的应征增值税销售额，包括纳税申报销售额、稽查查补销售额和纳税评估调整销售额。

年应税销售额超过 500 万元的纳税人，认定为增值税一般纳税人；未超过 500 万元的纳税人，一般认定为小规模纳税人。但是如果年应税销售额未超过 500 万元的纳税人的会计核算健全，也可向主管税务机关申请认定为一般纳税人。

（3）税率、征收率与计税方法

一般纳税人的增值税税率有 4 档，分别是 13%、9%、6% 和 0，各税率的使用范围如表 7-2 所示。

表 7-2　一般纳税人增值税税率的适用范围

税　率	适用范围
13%	销售或者进口货物、劳务；有形动产租赁服务
9%	提供交通运输服务、邮政服务、基础电信服务、建筑服务、不动产租赁服务和销售不动产、转让土地使用权、销售或进口指定货物等
6%	提供增值电信服务、金融服务、提供现代服务（租赁除外）、生活服务和销售无形资产（转让土地使用权除外）
0	纳税人出口货物；相关法律、法规、政策等列举的跨境服务、无形资产

征收率一般适用于小规模纳税人或者以简易计税方法计税的一般纳税

人，一般征收率为 3%。

值得注意的是，如果小规模纳税人会计核算健全且能够提供准确的税务资料，则可以向当地主管税务机关申请一般纳税人资格认定。但是，一旦纳税人登记为一般纳税人后，就不能再转为小规模纳税人了（国家税务总局另有规定的除外）。

当然也存在特殊的税率规定，比如一般纳税人销售自己使用过的属于《中华人民共和国增值税暂行条例》第十条规定不得抵扣且未抵扣进项税额的固定资产，按照简易办法依照 3% 征收率减按 2% 征收增值税。小规模纳税人销售自己使用过的固定资产，减按 2% 征收率征收增值税。这些在我们销售旧物的时候要注意。

对于不同的纳税人类型，其增值税的计税方法有差别，具体计算公式如下所示。

一般纳税人当期应纳增值税税额 = 当期销项税额 − 当期进项税额

小规模纳税人当期应纳增值税额 = 当期销售额（不含税）× 征收率

（4）增值税税收优惠

对于各类企业来说，增值税在税款支出中的比例较大，那么怎样做好税收策划呢？这就涉及要清楚了解行业内的税收优惠政策，增值税有关的优惠政策如表 7-3 所示。

表 7-3   增值税税收优惠政策

优惠类型	内　　容
免税项目	① 农业生产者销售的自产农产品 ② 避孕药品和用具 ③ 古旧图书，是指向社会收购的古书和旧书 ④ 直接用于科学研究、科学试验和教学的进口仪器、设备 ⑤ 外国政府、国际组织无偿援助的进口物资和设备

优惠类型	内　容
免税项目	⑥ 由残疾人的组织直接进口供残疾人专用的物品 ⑦ 销售自己使用过的物品：指其他个人自己使用过的物品 ⑧ 托儿所、幼儿园提供的保育和教育服务 ⑨ 养老机构提供的养老服务 ⑩ 残疾人福利机构提供的育养服务 ⑪ 婚姻介绍服务 ⑫ 殡葬服务 ⑬ 残疾人员本人为社会提供的服务 ⑭ 医疗机构提供的医疗服务 ⑮ 从事学历教育的学校提供的教育服务 ⑯ 学生勤工俭学提供的服务 ⑰ 农业机耕、排灌、病虫害防治、植物保护、农牧保险以及相关技术培训业务，家禽、牲畜、水生动物的配种和疾病防治 ⑱ 纪念馆、博物馆、文化馆、文物保护单位管理机构、美术馆、展览馆、书画院、图书馆在自己的场所提供文化体育服务取得的第一道门票收入 ⑲ 寺院、宫观、清真寺和教堂举办文化、宗教活动的门票收入 ⑳ 行政单位之外的其他单位收取的符合规定条件的政府性基金和行政事业性收费 ㉑ 个人转让著作权 ㉒ 个人销售自建自用住房等
起征点	增值税起征点仅适用于个人，包括按照小规模纳税人纳税的个体工商户和其他个人，但不适用于认定为一般纳税人的个体工商户 ① 按期纳税的，起征点为月销售额 5 000（含）~ 20 000 元（含） ② 按次纳税的，起征点为每次（日）销售额 300（含）~ 500 元（含） 起征点的调整由财政部和国家税务总局规定
小微企业增值税优惠	月销售额 ≤ 10 万元的增值税小规模纳税人，免征增值税；同理，以一个季度为纳税期限的，季度销售额 ≤ 30 万元的小规模纳税人，免征增值税
其他减免税规定	纳税人兼营免税、减税项目的，分别核算免税、减税项目的销售额，最后统计出应缴纳的增值税，未分别核算的，不得免税、减税

续表

优惠类型	内　　容
跨境行为	境内的单位和个人发生下列跨境应税行为免征增值税，但财政部和国家税务总局规定适用增值税零税率的除外 ① 工程项目在境外的建筑服务 ② 工程项目在境外的工程监理服务 ③ 工程、矿产资源在境外的工程勘察勘探服务 ④ 会议展览地点在境外的会议展览服务 ⑤ 存储地点在境外的仓储服务 ⑥ 标的物在境外使用的有形动产租赁服务 ⑦ 在境外提供的广播影视节目（作品）的播映服务 ⑧ 在境外提供的文化体育服务、教育医疗服务、旅游服务 ⑨ 为出口货物提供的邮政服务、收派服务、保险服务 ⑩ 向境外单位提供的完全在境外消费的电信服务 ⑪ 向境外单位销售的完全在境外消费的知识产权服务 ⑫ 向境外单位销售的完全在境外消费的物流辅助服务（仓储服务、收派服务除外） ⑬ 向境外单位销售的完全在境外消费的鉴证咨询服务 ⑭ 向境外单位销售的完全在境外消费的专业技术服务 ⑮ 向境外单位销售的完全在境外消费的商务辅助服务 ⑯ 向境外单位销售的广告投放地在境外的广告服务 ⑰ 向境外单位销售的完全在境外消费的无形资产（技术除外） ⑱ 为境外单位之间的货币资金融通及其他金融业务提供的直接收费金融服务，且该服务与境内的货物、无形资产和不动产无关

（5）增值税计算及账务处理

前面我们提到了不同纳税人类型适用的增值税计算公式，这里对公式中的一些要素进行讲解。

当期销项税额=当期不含税销售额×税率

当期不含税销售额=当期含税销售额÷（1+税率）

销项税额是指纳税人提供应税服务按照销售额和增值税税率计算的增值税税额。进项税额是指纳税人购进货物或者接受加工修理修配劳务和应税服务，支付或者负担的增值税税额。

│范例解析│ 增值税的账务处理

恺宾酒店为一般纳税人，地处市区，2×20 年 8 月发生如下业务。

① 外购一批低值易耗品，取得增值税专用发票，注明税款 23 000.00 元，另支付运费 2 000.00 元，取得运费发票。

② 外购机器设备一套，取得增值税专用发票，注明税款 22 000.00 元。

③ 销售酒店住宿服务，取得含税收入 938 000.00 元。

酒店月初待抵扣增值税进项税额余额 510.22 元。

应做如下会计处理。

销项税额 =938 000.00÷（1+6%）×6%=53 094.34（元）

可抵扣进项税额 =23 000.00+2 000.00×9%+22 000.00+510.22=45 690.22（元）

8 月应纳增值税 =53 094.34−45 690.22=7 404.12（元）

下月缴纳税费时。

借：应交税费——未交增值税　　　　　　　　　　7 404.12

　　贷：银行存款　　　　　　　　　　　　　　　　7 404.12

7.1.2　城市维护建设税计算及账务处理

城市维护建设税是一种附加税，它没有独立的征税对象或税基，而是以增值税、消费税"二税"实际缴纳的税额之和为计税依据，随"二税"同时附征，本质上属于一种附加税。

原则上讲，只要缴纳增值税、消费税中任意一税种的纳税人都要缴纳城市维护建设税。这也就是说，除了减免税等特殊情况以外，任何从事生产经营活动的企业单位和个人都要缴纳城市维护建设税。

城市维护建设税的税率也有所不同，具体税率已在本书第 3 章讲解，这里不再赘述。

城市维护建设税应纳税额的计算比较简单，计税方法基本上与"二税"一致，其计算公式如下。

应纳税额=（实际缴纳增值税+消费税）×适用税率

对于出口进口产品时，出口产品退还增值税、消费税的，不退还已缴纳的城市维护建设税。海关对进口产品代征的增值税、消费税，不征收城市维护建设税。

| 范例解析 | 城市维护建设税的账务处理

接 7.1.1 节增值税案例。

应交城市维护建设税 =7 404.12×7%=518.29（元）

计提税费时。

借：税金及附加　　　　　　　　　　　　　　518.29

　　贷：应交税费——应交城市维护建设税　　　　　518.29

下月缴纳税费时。

借：应交税费——应交城市维护建设税　　　　518.29

　　贷：银行存款　　　　　　　　　　　　　　518.29

7.1.3　教育费附加和地方教育附加计算及账务处理

教育费附加和地方教育附加连同上一节提到的城市维护建设税统称为三项"增值税附加税费"。

教育费附加是由税务机关负责征收，同级教育部门统筹安排，同级财政部门监督管理，专门用于发展地方教育事业的预算外资金。

地方教育附加是指根据国家有关规定，为实施"科教兴省"战略，增加地方教育的资金投入，促进各省、自治区、直辖市教育事业发展，开征的一项地方政府性基金。该收入主要用于各地方的教育经费的投入补充。

凡缴纳增值税、消费税的单位和个人，均为教育费附加以及地方教育附加的纳费义务人。关于两者费率,教育费附加为 3%,地方教育附加为 2%。两者的计算公式是相同的,如下所示。

应纳税费=(实际缴纳的增值税+消费税)× 3%或2%

关于两者的征收管理,都是在缴纳增值税或者消费税时一同缴纳,但是海关进口产品征收的增值税、消费税、不征收教育费附加以及地方教育费附加。

| 范例解析 | 教育费附加以及地方教育费附加的账务处理

接 7.1.1 节增值税案例。

应交教育费附加 =7 404.12×3%=222.12(元)

应交地方教育附加 =7 404.12×2%=148.08(元)

计提税费时。

借:税金及附加　　　　　　　　　　　　　　370.20

　　贷:应交税费——应交教育费附加　　　　　　　222.12

　　　　　　——应交地方教育附加　　　　　　148.08

下月缴纳税费时。

借:应交税费——应交教育费附加　　　　　　222.12

　　　　——应交地方教育费附加　　　　　　148.04

　　贷:银行存款　　　　　　　　　　　　　　370.20

7.1.4　印花税计算及账务处理

印花税是以经济活动和经济交往中,书立、领受应税凭证的行为为征税对象征收的一种税。其纳税义务人是在中国境内书立、使用、领受印花税法所列举的凭证,并应依法履行纳税义务的单位和个人,包括内、外资企业,各类行政(机关、部队)和事业单位,中、外籍个人。

下面我们用一张表来具体了解印花税的税目、征税范围、税率和纳税义务人，如表 7-4 所示。

表 7-4　印花税税目、征税范围、税率、纳税人表

征税类别	税　目	范　围	税　率	纳税人
合同或具有合同性质的凭证	购销合同	包括供应、预购、采购、购销结合及协作、调剂等合同	按购销金额 0.3‰贴花	立合同人
	加工承揽合同	包括加工、定做、修缮、修理、印刷广告、测绘、测试等合同	按加工或承揽收入 0.5‰贴花	
	建设工程勘察设计合同	包括勘察、设计合同	按收取费用 0.5‰贴花	
	建筑安装工程承包合同	包括建筑、安装工程承包合同	按承包金额 0.3‰贴花	
合同或具有合同性质的凭证	财产租赁合同	包括租赁房屋、船舶、飞机、机动车辆等合同	按租赁金额 1‰贴花。税额不足 1 元，按 1 元贴花	立合同人
	货物运输同	包括民用航空、铁路运输、海上运输、公路运输和联运等合同	按运输费用 0.5‰贴花	
	仓储保管合同	包括仓储、保管合同，以及作为合同使用的仓单、栈单等	按仓储保管费用的 1‰贴花	
	借款合同	银行及其他金融组织和借款人所签订的合同	按借款金额 0.05‰贴花	
	财产保险合同	包括财产、责任、保证、信用等保险合同	按保险费收入 1‰贴花	
	技术合同	包括技术开发、转让、咨询、服务等合同	按所载金额 0.3‰贴花	

续表

征税类别	税　目	范　围	税　率	纳税人
书据类	产权转移书据	包括财产所有权、版权、商标专用权、专利权、专有技术使用权、土地使用权出让合同、商品房销售合同等权利转移合同	按所载金额0.5‰贴花	立据人
账簿类	营业账簿	对记载资金的营业账簿征收印花税，对其他营业账簿不征收印花税	按实收资本（股本）、资本公积的合计金额的0.25‰贴花	立账簿人
证照类	权利、许可证照	包括政府部门发放的不动产权证书、营业执照、商标注册证等	5元/件	领受人

在酒店餐饮业中，我们使用最多的印花税征税税目包括购销合同、产权转移书据、账簿类和证照类这四种，上述是作为立合同人、领受人等需要主动缴纳税款的税目。

鉴于目前使用计算机记账、签订合同等已成为一种普遍方式，结合财务会计核算的要求和国家相关规定，对纳税人以电子形式存在的各类应税凭证按规定征收印花税。因此上述征税范围的规定同样适用电子应税凭证。

印花税的每种税目的计算依据不太相同，在计算其应纳税额时，根据不同的计税依据乘以不同的税率。不同的税目其应纳税额的计算方法，如表7-5所示。

表7-5　印花税应纳税额计算方式

税　目	计税依据	应纳税额
购销合同	合同记载的购销金额	应纳税额＝购销金额×0.3‰

续表

税　目	计税依据	应纳税额
加工承揽合同	加工或承揽收入	应纳税额 = 加工或承揽收入 × 0.5‰
建设工程勘察设计合同	勘察、设计收取的费用（即勘察、设计收入）	应纳税额 = 勘察、设计收入 × 0.5‰
建筑安装工程承包合同	承包金额（不得剔除任何费用）	应纳税额 = 承包金额 × 0.3‰
财产租赁合同	租赁金额（即租金全额）	应纳税额 = 租金收入 × 1‰ 税额不足 1 元的按照 1 元贴花。财产租赁合同只是规定（月）天租金而不确定租期的，先定额 5 元贴花，结算时按实际补贴印花
货物运输合同	取得的运输费金额（即运费收入），不包括所运货物的金额、装卸费和保险费等	应纳税额 = 运输费 × 0.5‰
仓储保管合同	仓储保管的费用（即保管费收入）	应纳税额 = 仓储保管费用 × 1‰
借款合同	借款金额（即借款本金）	应纳税额 = 借款金额 × 0.05‰
财产保险合同	支付(收取)的保险费金额，不包括所保财产的金额	应纳税额 = 收取的保险费 × 1‰
技术合同	合同所载的价款、报酬或使用费。技术开发合同的研究开发经费不作为计税依据	应纳税额 = 所载价款 × 0.3‰
产权转移书据	书据中所载的金额	应纳税额 = 所载金额 × 0.5‰
营业账簿	以实收资本和资本公积的两项合计金额为计税依据	应纳税额 =（实收资本 + 资本公积）× 0.25‰
权利、许可证照	按件贴花	定额 5 元 / 件

　　上述以"金额""收入"或"费用"等作为计税依据的，应当全额计税，

不得做任何扣除。

印花税的税收优惠中享受免税的税目有以下方面。

①已缴纳印花税的凭证的副本或者抄本。但以副本或者抄本视同正本使用的，应另贴印花。

②无息、贴息贷款合同。

③农牧业保险合同。

④涉及不动产的免征印花税项目。大致有以下四种。

• 房地产管理部门与个人签订的用于生活居住的租赁合同。

• 与高校学生签订的高校学生公寓租赁合同。

• 对公租房经营管理单位购买住房作为公租房，公租房租赁双方签订租赁协议涉及的印花税。

• 对改造安置住房经营管理单位、开发商等与改造安置住房相关的印花税、购买安置住房的个人涉及的印花税。

在缴纳印花税时，有自行贴花、汇贴或汇缴、委托代征三种方式。

| 范例解析 | 印花税的账务处理

恺宾酒店开业之初，领受不动产权证、营业执照各一本；订立借款合同一份，所载金额 1 000 000.00 元；企业记载资金的账簿，"实收资本"和"资本公积"共 6 000 000.00 元；其他营业账簿 4 本。

酒店领受权利、许可证照应交印花税 =2×5.00=10.00（元）

订立借款合同应交印花税 =1 000 000.00×0.05‰ =50.00（元）

资金账簿 =6 000 000.00×0.25‰ =1 500.00（元）

应缴纳印花税合计 =10.00+50.00+1 500.00=1 560.00（元）

计提印花税税额时。

借：税金及附加　　　　　　　　　　　　　　1 560.00

　　贷：银行存款　　　　　　　　　　　　　　1 560.00

7.1.5　企业所得税计算及账务处理

企业所得税是一项非常重要的税收，作为财务人员也必须掌握企业所得税的相关知识以及实际操作。企业所得税一般实行季度申报预缴、次年 5 月 31 日前完成汇算清缴。

在计算企业所得税及处理账务前，需要掌握企业所得税的征税对象、税率、应纳税所得额的计算及优惠政策，这是做好企业所得税计算缴纳的必要前提。

（1）企业所得税征税对象

在中华人民共和国境内的企业和其他取得收入的组织为企业所得税的纳税人，包括各类企业、事业单位、社会团体、民办非企业单位和从事经营活动的其他组织。个人独资企业、合伙企业不属于企业所得税纳税义务人。

依据属人兼属地的税收征收管理方式，纳税人企业分为居民企业和非居民企业。

◆ **居民企业**：是指依法在中国境内成立，或者依照外国（地区）法律成立但实际管理机构在中国境内的企业。

◆ **非居民企业**：是指依照外国（地区）法律成立且实际管理机构不在中国境内，但在中国境内设立机构、场所的，或者在中国境内未设立机构、场所，但有来源于中国境内所得的企业。

上述企业都要依法缴纳企业所得税。

企业就其生产经营所得、其他所得和清算所得作为征税对象缴纳企业所得税。其中居民企业就其来源于中国境内外所得全部缴纳；非居民企业就其来源于中国境内的所得，以及发生在中国境外但与其在中国境内所设机构、场所有实际联系的所得缴纳。由此可见，所得来源地的确定很重要，企业所得税的征税对象以及所得来源地，如表 7-6 所示。

表 7-6　企业所得形式及来源地

所得形式	所得来源地
销售货物所得	交易活动发生地
提供劳务所得	劳务发生地
转让财产所得	① 不动产转让所得按照不动产所在地确定 ② 动产转让所得按照转让动产的企业或者机构、场所所在地确定 ③ 权益性投资资产转让所得，按照被投资企业所在地确定
股息、红利等权益性投资所得	分配所得的企业所在地
利息所得、租金所得、特许权使用费所得	负担、支付所得的企业或者机构、场所所在地
其他所得	国务院财政、税务主管部门确定

由表 7-6 可以看出，企业所得的这几种形式实行的是属人兼属地的税收管辖权，按照企业是否为居民企业、所得来源地是否为中国境内来划分所得形式。

（2）企业所得税计算公式及税率

企业所得税使用的是比例税率，它的基本税率是 25%，计算企业所得税的公式如下所示。

企业所得税应纳税额＝当期应纳税所得额×适用税率

当期应纳税所得额＝收入总额−准予扣除项目金额＝收入总额 − 不征税收入 − 免税收入 − 各项扣除 − 以前年度亏损

应纳税所得额 ＝ 会计利润 + 纳税调整增加额 − 纳税调整减少额

企业所得税的税率及适用情况，如表 7-7 所示。

表 7-7　企业所得税税率适用范围

税　　率	适用范围
25%	① 居民企业 ② 在中国境内设有机构、场所且所得与机构、场所有关联的非居民企业
20%	对年应纳税所得额不超过 100 万元的部分，减按 25% 计入应纳税所得额，按 20% 的税率缴纳企业所得税；对年应纳税所得额超过 100 万元但不超过 300 万元的部分，减按 50% 计入应纳税所得额，按 20% 的税率缴纳企业所得税
15%	国家需要重点扶持的高新技术企业；西部鼓励类产业企业；技术先进型服务企业
10%	① 在中国境内未设立机构、场所的非居民企业 ② 虽设立机构、场所但取得的所得与其所设机构、场所无实际联系的非居民企业

（3）应纳税所得额的计算

前面提到了企业所得税的计算公式，应纳税所得额的确定是一个最重要的环节。下面我们就来看看哪些是免税收入、不征税收入，以及可以扣除的项目、不得扣除的项目。

◆　免税收入主要有下列四项。

①国债利息收入，企业因购买国债所得的利息收入，免征企业所得税。

②符合条件的居民企业之间的股息、红利等权益性投资收益，指居民企业直接投资于其他居民企业取得的投资收益。

③在中国境内设立机构、场所的非居民企业从居民企业取得与该机构、场所有实际联系的股息、红利等权益性投资收益。

④符合条件的非营利组织的收入。不包括非营利组织从事营利性活动取得的收入。

◆ 不征税收入主要有下列三项。

①财政拨款。

②依法收取并纳入财政管理的行政事业性收费、政府性基金。

③其他不征税收入，是指企业取得的由国务院财政、税务主管部门规定专项用途并经国务院批准的财政性资金。

◆ 可以扣除项目大致有如下 10 个。

除常规的成本、费用、税金及附加、损失以外，因税法准予扣除与会计处理之间存在差异，因此就会涉及调整，那么涉及的项目有哪些呢？下面我们就来列举看看。

①企业发生的合理的工资、薪金支出准予据实扣除。

②职工福利费、工会经费、职工教育经费。这三项扣除项目要按规定标准与实际发生额较小者扣除。标准如表 7-8 所示。

表 7-8　3 项扣除项目的扣除标准

项　　目	扣除标准
实际发生的职工福利费支出	不超过工资薪金总额 14% 的部分准予扣除
拨缴的工会经费	不超过工资薪金总额 2% 的部分准予扣除
发生的职工教育经费支出	除国务院财政、税务主管部门另有规定外，不超过工资薪金总额 8% 的部分准予扣除，超过部分准予结转以后纳税年度扣除

③按照政府规定的范围和标准缴纳的"五险一金"，即基本养老保险费、基本医疗保险费、失业保险费、工伤保险费、生育保险费等基本社会保险费和住房公积金，准予据实扣除。补充养老保险费、补充医疗保险费，在国务院财政、税务主管部门规定的范围和标准内，准予扣除。为特殊工种职工支付的人身安全保险费和符合国务院财政、税务主管部门规定可以扣除的商业保险费准予扣除。但是企业为投资者或者职工支付的商业保险费，不得扣除。

④非金融企业向金融企业借款的利息支出、金融企业的各项存款利息支出和同业拆借利息支出、企业经批准发行债券的利息支出，可据实扣除。非金融企业向非金融企业借款的利息支出，不超过按照金融企业同期同类贷款利率计算的数额的部分可据实扣除，超过部分不许扣除。

⑤企业在生产经营活动中发生的合理的不需要资本化的借款费用，准予扣除。

⑥企业发生的与生产经营活动有关的业务招待费支出，按照发生额的 60% 扣除，但最高不得超过当年销售（营业）收入的 5‰。

⑦企业发生的符合条件的广告宣传费支出，除国务院财政、税务主管部门另有规定外，不超过当年销售（营业）收入 15% 的部分，准予扣除；超过部分无限期结转以后纳税年度。

⑧企业发生的符合条件的公益捐赠支出，不超过年度利润总额 12% 的部分，准予扣除；超过 12% 的部分，准予结转以后 3 年内扣除。

⑨手续费及佣金，保险企业按照财产保险保费收入扣除退保金等后的余额的 15% 计算限额；人身保险按保费 10% 计算限额。其他企业按照服务协议或合同确认的收入金额的 5% 计算限额。

⑩其他支出，如会员费、合理的会议费、差旅费、违约金、诉讼费用等，准予扣除。

◆ 不得扣除的项目大致上有以下九个。

①向投资者支付的股息、红利等权益性投资收益款项。

②企业所得税税款。

③税收滞纳金。

④罚金、罚款和被没收财物的损失。

⑤超过规定标准的捐赠支出。

⑥赞助支出，指与生产经营无关的非广告性质支出。

⑦未经核定的准备金支出，指不符合规定的各项资产减值准备、风险

准备等准备金支出。

⑧企业之间支付的管理费、企业内营业机构之间支付的租金和特许权使用费，以及非银行企业内营业机构之间支付的利息，不得扣除。

⑨与取得收入无关的其他支出。

在当期应纳税所得额的公式中我们提到了弥补以前年度亏损，在弥补以前年度亏损时，最远只可追溯5年，不得弥补当年以前超过5年的亏损。

上述提到的免税收入、不征税收入、标准以内可以扣除项目，在前期已经计入纳税所得的情况下，都要在计算应纳税所得额时做纳税调减，不得扣除的项目就要纳税调增。

（4）税收优惠

最后再来了解关于企业所得税的税收优惠。税法规定的税收优惠方式包括免税、减税、加计扣除、减计收入、税额抵免等，内容如表7-9所示。

表7-9　企业所得税税收优惠表

优惠类型	内　　容
免税项目	① 蔬菜、谷物、油料、豆类、水果等种植 ② 农作物新品种选育 ③ 中药材种植 ④ 林木种植 ⑤ 牲畜、家禽饲养 ⑥ 林产品采集 ⑦ 灌溉、农产品初加工、农机作业与维修等 ⑧ 远洋捕捞
减半征收	① 花卉、茶及饮料作物、香料作物的种植 ② 海水养殖、内陆养殖
3免3减半	指自取得第一笔生产经营收入所属纳税年度起，第1—3年免征，第4—6年减半征收 ① 国家重点扶持的公共基础设施项目 ② 符合条件的环境保护、节能节水项目 ③ 节能服务公司实施合同能源管理项目

续表

优惠类型	内　　容
低税率	按 10% 税率征税范围 ① 非居民企业优惠 ② 国家布局内重点软件企业 按 15% 税率征税范围 ① 国家重点扶持的高新技术企业 ② 投资 80 亿、0.25μm 的电路企业 ③ 西部开发鼓励类产业企业 ④ 技术先进型服务企业 按 20% 税率征税范围 符合条件的小型微利企业
加计扣除	① 据实扣除后加计扣除 50% a. 研究开发费用 b. 形成无形资产的按成本 150% 摊销 ② 据实扣除后加计扣除 100% 企业安置残疾人员所支付的工资
减计收入	综合利用资源，生产国家非限制和禁止并符合国家和行业相关标准的产品取得的收入，减按 90% 计入收入总额
应纳税额抵免优惠	企业购置并实际使用《环境保护专用设备企业所得税优惠目录》等规定的环境保护、节能节水、安全生产等专用设备的，该专用设备的投资额的 10% 可以从企业当年的应纳税额中抵免；当年不足抵免的，可以在以后 5 个纳税年度结转抵免

（5）企业所得税计算及账务处理

学习了企业所得税的众多理论知识，接下来通过案例来学习税额的计算和账务处理。

| 范例解析 | 企业所得税计算及账务处理

恺宾酒店为居民纳税人，所得税税率为 25%，2×19 年度该企业有关经营情况如下。

① 全年实现住宿餐饮销售收入 1 200.00 万元，另外还取得国债利息收入 20.00 万元。

②全年成本 680.00 万元。

③全年税金及附加 9.70 万元。

④全年销售费用 90.00 万元（其中广告宣传费 50.00 万元）。

⑤全年管理费用 80.00 万元（其中业务招待费 8.00 万元）。

⑥全年财务费用 10.00 万元。

⑦企业在册职工 50 人，本年工资支出 350.00 万元，发生职工福利费 56.00 万元，职工教育经费 30.00 万元，拨缴工会经费 15.00 万元（取得专用收据）。这些职工薪酬支出已包含在各项成本费用中。

⑧全年营业外支出 9.00 万元，其中违反政府规定被工商局罚款 4.00 万元，直接向某困难地区捐赠支出 5.00 万元，要求计算该企业 2×19 年利润总额，以及在利润总额基础上进行纳税调整并计算当年应交企业所得税税额。

2×19 年利润总额 =1 200.00+20.00−680.00−9.70−90.00−80.00−10.00−9.00=341.30（万元）

其中国债利息收入 20.00 万元免交企业所得税，应纳税调减 20.00 万元。

广告宣传费扣除标准 =1 200.00×15%=180.00（万元）

实际发生的 50.00 万元可以据实扣除，不做纳税调整。

业务招待费扣除标准 =1 200.00×5‰=6.00（万元）

或业务招待费扣除标准 =8.00×60%=4.80（万元）

只能扣除较小者，因此应调增 =8.00−4.80=3.20（万元）。

职工福利费扣除标准 =350.00×14%=49.00（万元）

应纳税调增 =56.00−49.00=7.00（万元）

职工教育经费扣除标准 =350.00×8%=28.00（万元），可以全额扣除。

工会经费扣除标准 =350.00×2%=7.00（万元），可以全额扣除。

罚款不允许扣除，应全额调增 4.00 万元。

捐赠支出扣除标准 =341.30×12%=40.96（万元），可以全额扣除。

调整后应纳税所得额 =341.30−20.00+3.20+7.00+4.00=335.50（万元）

应纳企业所得税税额 =335.50×25%=83.88（万元）

7.2 征收管理规定中的纳税申报事宜

对于企业纳税义务人而言，有义务在征税管理规定时间内申报并缴纳相关税费。征收管理办法中对于每一种税种都规定了相关的征税对象、纳税义务人以及申报的方式、申报期限等。下面就来了解酒店餐饮业有关税种的纳税申报事宜。

7.2.1 纳税申报对象

纳税申报对象是指按照国家法律、行政法规的规定，负有纳税义务的纳税人或者负有代扣代缴税款义务的扣缴义务人。纳税人、扣缴义务人无论本期有无应该缴纳、应该解缴的税款，都必须按税法规定的期限如实向主管税务机关办理纳税申报。

申报对象一般根据各税种的单项规定决定，前面提到了几种大税种的申报对象，现在集中对申报对象归纳如下。

◆ 增值税纳税申报的对象。

销售货物或者提供加工、修理修配劳务以及进口货物的单位和个人。

◆ 城市维护建设税、地方教育附加和教育费附加纳税申报对象。

缴纳增值税、消费税的单位和个人，不包括外商投资企业、外国企业和外国人。

◆ 企业所得税纳税申报对象。

在中华人民共和国境内的企业和其他取得收入的组织，包括各类企业、事业单位、社会团体、民办非企业单位和从事经营活动的其他组织，个人独资企业、合伙企业除外。

◆ 个人所得税纳税申报对象。

在中国境内有住所，或者无住所而在境内累计居住满183天的居民纳税义务人，应当承担无限纳税义务。

在中国境内无住所又不居住，或者无住所而在境内累计居住不满183天的非居民纳税义务人，承担有限纳税义务。

◆ 城镇土地使用税纳税申报对象。

在我国境内的城市、县城、建制镇和工矿区范围内使用土地的单位和个人，不包括外商投资企业、外国企业和外国人。

◆ 车船使用税纳税申报对象。

在我国境内拥有并使用车船的单位和个人，不包括外商投资企业、外国企业和外国人。

◆ 印花税申报对象。

在中国境内书立、使用、领受印花税法所列举的凭证，并应依法履行纳税义务的单位和个人，包括内、外资企业，各类行政（机关、部队）和事业单位，中、外籍个人。

7.2.2 纳税申报的申报方式

按照传统纳税申报的方式规定，有以下四种方式。

◆ 直接申报。

直接申报是指纳税人和扣缴义务人在规定的申报期限内，自行到税务机关指定的办税服务场所报送纳税申报表、代扣代缴、代收代缴报告表及有关资料。

◆ 邮寄申报。

邮寄申报是指经税务机关批准，纳税人、扣缴义务人使用统一的纳税申报专用信封，通过邮政部门办理交寄手续，并以邮政部门收据作为申报凭据的一种申报方式。

◆ 数据电文申报。

数据电文申报也称电子申报，是指纳税人、扣缴义务人在规定的申报期限内，通过与税务机关接受办理纳税申报、代扣代缴及代收代缴税款申报的电子系统联网的电脑终端，按照规定和系统发出的指示输入申报内容，以完成纳税申报或者代扣代缴及代收代缴税款申报的方式。

◆ 简易申报。

简易申报是指实行定期定额的纳税人，通过以缴纳税款凭证代替申报或简并征期的一种申报方式。

现在我们一直使用也是使用人数最多的一种方式是数据电文申报，纳税义务人在开通网上申报后，在自己所在省市的电子申报税务端，以企业的统一社会信用代码登录后，完成系统发出的当月申报内容的填写。

这种方式节省了国家与纳税人双方的时间，以快速完成申报。在特殊时期，税务局也开通了大量以前需要现场审核的申报改为电子申报以及申请的业务通道，大大提高了纳税申报的效率。

7.2.3 纳税申报的申报期限

根据税法规定，每一个税种都规定有各自的申报期限。下面来分税种了解一下。

◆ 增值税的纳税期限。

增值税的纳税期限分别为 1 日、3 日、5 日、10 日、15 日、1 个月或者 1 个季度申报，纳税人的具体纳税期限由主管税务机关根据纳税人应纳税额的大小分别核定。不能按照固定期限纳税的，可以按次纳税。

纳税人和扣缴义务人以 1 个月为一期纳税的，自期满之日起 15 日内申报纳税。新办企业第一次纳税申报的所属期为税务登记办理完毕的次月。

◆ 企业所得税的纳税期限。

企业所得税按年计算，分月或分季预缴。月份或季度终了后 15 日内申报纳税并预缴税款，年度终了后，次年 5 月 31 日前汇算清缴。

◆ 个人所得税的纳税期限。

对于个人所得税的申报期限，扣缴义务人每月所扣缴的税款和自行申报纳税的纳税人每月应纳的税款，都应当在次月 15 日内申报并缴纳。

◆ 城市维护建设税和教育附加的纳税期限。

城市维护建设税、教育费附加以及地方教育附加的申报时间，在缴纳增值税时一同申报缴纳。

◆ 其他税种的纳税期限。

其他税种分别按税法规定期限申报。纳税人申报各项税种时都在自己所在地主管税务机关申报。

7.2.4　纳税申报的实例讲解

前面我们了解了关于纳税申报的对象、方式、时间等方面的规定，本节以纳税申报实例来讲解实际工作中的操作方法。此处以四川省增值税申报为例来看看，主要流程如下。

首先，进入国家税务总局四川省电子税务局官网首页，单击左下角"我要办税"按钮，如图 7-1 所示。

图 7-1　进入电子税务局首页

随即进入电子税务局登录页面，如图 7-2 所示。页面显示为法人登录页，即所有企业性纳税人登录页，一般选用税号密码登录。输入统一社会信用代码以及企业自己设置的登录密码，选择本企业在税务局实名认证的办税人员身份，就会自动获取对应的电话号码，当收到验证码时，将其输入到"短信验证码"文本框中，再单击"登录"按钮，就可以进入到企业办税页面。

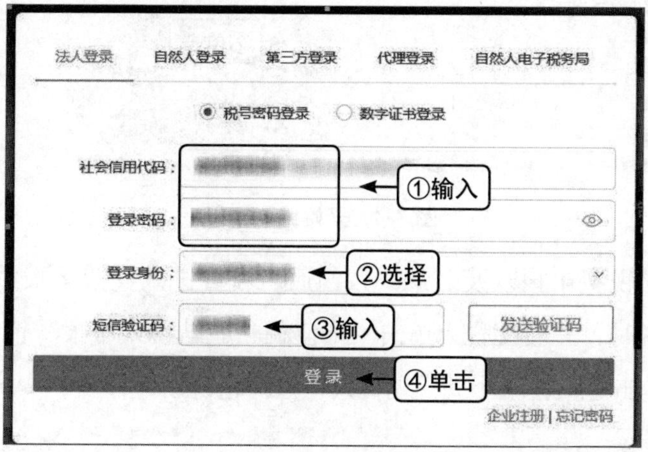

图 7-2　登录企业办税账号

登录后便进入了企业办税页面，如图 7-3 所示。若当月还有未完成的申报事宜，一般会在"我的待办"栏里显示，可以直接单击需要申报的税种的相关链接，去申报相关税目。

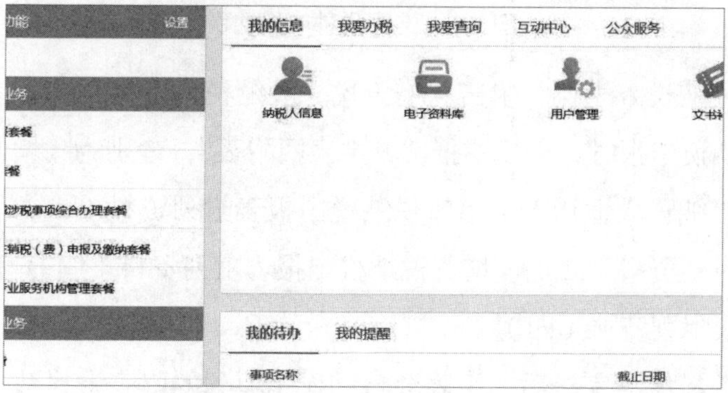

图 7-3　企业办税页面

另外一种方法是单击办税页面中的"我要办税—税费申报及缴纳"导航按钮，如图 7-4 所示。

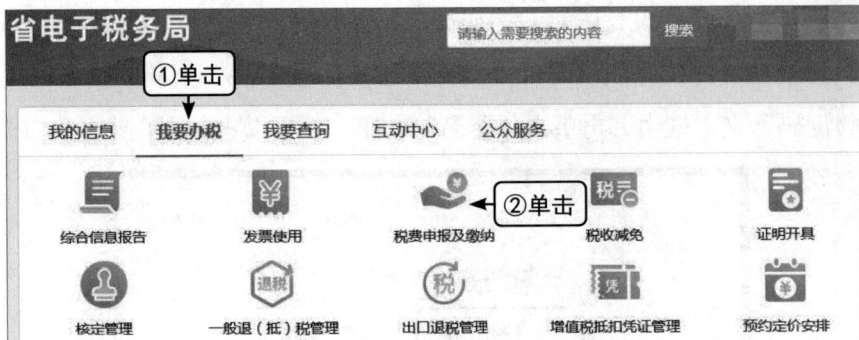

图7-4　开始纳税申报

单击"税费申报以及缴纳"按钮后，就会进入企业申报纳税的页面。申报增值税时，一般纳税人单击"增值税一般纳税人申报"超链接，小规模纳税人单击"增值税小规模纳税人申报"超链接，如图7-5所示。

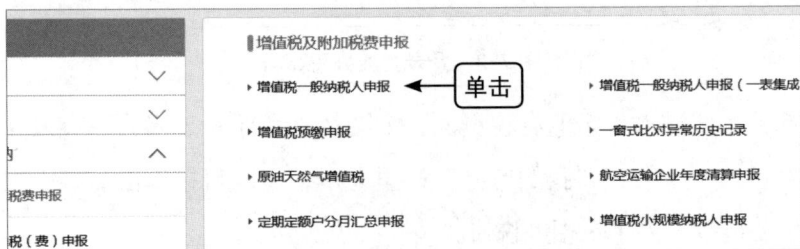

图7-5　选择税种申报纳税

以一般纳税人为例，单击"增值税一般纳税人申报"超链接后，纳税人在办理纳税申报时，需要填报"一主表四附表"，分别为《增值税纳税申报表（一般纳税人适用）》《增值税纳税申报表附列资料（一）》《增值税纳税申报表附列资料（二）》《增值税纳税申报表附列资料（三）》和《增值税纳税申报表附列资料（四）》。

附列资料填写完毕后，主表会自动显示填列的附表资料数据，我们核对当月税费的相关应补信息后，就可直接申报了。

申报结束后，根据提示再申报增值税附加税费。按规定缴款结束后，就完成了全部的增值税报税、纳税流程。

建立账簿并做好对账、结账及保管工作

|第8章|

　　账簿是会计工作内容的完整体现，也是会计工作的根本所在。在日常工作中，对于建立账簿，以及后续对账、查账等工作，都要依靠会计账簿来完成，所以我们要明白需要建立哪些会计账簿，以及后续保管等工作如何进行。

8.1　了解会计账簿是如何建立的

会计账簿是以会计凭证为依据，对全部经济业务进行全面、系统、连续、分类地记录和核算的簿籍，是由专门格式并以一定形式连接在一起的账页所组成的。

如今在日常工作中，大多数会计工作都依赖于电算化，财会人员在填制会计凭证时，就会自动在会计系统里生成总账、序时账、明细账和余额表等会计账簿，以便系统地查询账务。这些都大大减少了我们的会计工作量，也提高了工作效率。

但是，根据《会计基础工作规范》第五十八条规定，实行会计电算化的单位，用计算机打印的会计账簿必须连续编号，经审核无误后装订成册，并由记账员和会计机构负责人、会计主管人员签字或者盖章。

由此可知，会计账簿还是要以纸质形式保存，以便查账。因此我们还是要打印出纸质账簿保存，并且要建立备查账。

8.1.1　会计账簿建立的基本要求

依据《会计基础工作规范》第六十条规定，未实行会计电算化的单位，会计人员应当根据审核无误的会计凭证登记会计账簿。登记账簿的基本要求有如下八点。

①登记会计账簿时，应当将会计凭证日期、编号、业务内容摘要、金额和其他有关资料逐项记入账内，做到数字准确、摘要清楚、登记及时、字迹工整。

②登记完毕后，要在记账凭证上签名或者盖章，并注明已经登账的符号，表示已经记账。

③账簿中书写的文字和数字上面要留有适当空格，不要写满格；一般应占格距的 1/2。

④登记账簿要用蓝黑墨水或者碳素墨水书写，不得使用圆珠笔（银行

的复写账簿除外）或者铅笔书写。

⑤可以使用红色墨水记账的情况有几种，如按照红字冲账的记账凭证，冲销错误记录。

⑥各种账簿按页次顺序连续登记，不得跳行、隔页。如果发生跳行、隔页，应当将空行、空页划线注销，或者注明"此行空白""此页空白"字样，并由记账人员签名或者盖章。

⑦凡需要结出余额的账户，结出余额后，应当在"借或贷"等栏内写明"借"或者"贷"等字样。没有余额的账户，应当在"借或贷"等栏内写"平"字，并在余额栏内用"Q"表示。现金日记账和银行存款日记账必须逐日结出余额。

⑧每一账页登记完毕结转下页时，应当结出本页合计数及余额，写在本页最后一行和下页第一行有关栏内，并在摘要栏内注明"过次页"和"承前页"字样；也可以将本页合计数及金额只写在下页第一行有关栏内，并在摘要栏内注明"承前页"字样。

为什么财会工作中需要会计账簿呢？下面来了解以下几方面的账簿的意义。

①通过账簿的设置和登记，记载、储存会计信息，反映各项资金的往来情况。

②通过账簿的设置和登记、分类、汇总会计信息，提供一定时期内的详细账目情况，并且可得出一定时期内的发生额以及余额等情况，反映财务状况以及经营成果。

③通过账簿的设置和登记，检查、校正会计信息。

④通过账簿的设置和登记，编表、输出会计信息，据以编制会计报表，从而向有关各方提供所需要的会计信息。

8.1.2 总账的建立

总账是指总分类账，是根据总分类科目开设账户，用来登记全部经济业务，进行总分类核算的账簿，也是财务系统软件的核心所在。总账的建立必须符合以下规定。

◆ 总分类账一般采用订本式账簿。

◆ 总账科目名称应与国家统一会计制度规定的会计科目名称一致。

◆ 总分类账的账页格式一般采用"借方""贷方"和"余额"三栏式，根据实际需要，也可以多栏式。

在日常工作中使用财务软件系统时，企业可以根据自己的需要建立账务的总账格式。比如：自由定义科目的代码长度和科目级次；可以根据需要增加、删除或修改会计科目或选用行业标准科目等，不使用的科目可直接删除。

下面就以用友软件系统"库存现金总账"为例，来看看总账是由哪些栏目构成，如图8-1所示。当录入记账凭证时，会自动汇总到总账里，月末会有月末合计，年末会有年末合计。

1001库存现金总账

科目　1001库存现金　　　　　期间：2×20.01-2×20.01

序号	期间	摘要	借方	贷方	方向	余额
1		期初余额			借	
2						
3						
4						
5						
6						
7						
8						
9						
10						
11						
12						
13						
14						
15						
16						
17						
18						

图8-1　库存现金总账

8.1.3　日记账的建立

日记账又称序时账，是按经济业务发生和完成时间的先后顺序进行登记的账簿。出纳人员应按照记账凭证或者记账凭证所附原始单据等逐笔进行日记账登记。一般设置现金日记账、银行存款日记账等，银行存款日记账根据单位银行账户的不同，再分设二级科目。

一般在实际工作中，这两种日记账都是由出纳人员逐日登记完成，在登记现金日记账时，按照现金业务发生的先后顺序逐笔序时登记。每日终了，应根据登记的"现金日记账"结余数与实际库存数进行核对，做到账实相符。

在酒店餐饮业中，出纳人员每天早上应在前台收取前一天当值人员收取的现金收入，作为一日现金收入入账。月份终了，"现金日记账"的余额必须与会计人员"库存现金"总账科目的余额核对相符。

在登记银行存款日记账时，根据银行账号分别设置银行存款日记账明细账，按照银行存款业务发生的先后顺序逐笔序时登记，每日终了应结出余额。"银行存款日记账"应定期与"银行对账单"核对，至少每月核对一次。月份终了，"银行存款日记账"的余额必须与"银行存款"总账科目的余额核对相符。

下面同样以用友软件为例，来看看"现金日记账"以及"银行存款日记账"的结构，如图 8-2、图 8-3 所示。

1001 库存现金日记账

科目：1001 库存现金　　　　期间：2×20.01 ~ 2×20.01

序号	日期	凭证字号	摘要	结算方式	票据号	借方	贷方	方向	余额
1			期初余额					借	
2									
3									
4									
5									
6									
7									
8									
9									
10									
11									
12									
13									

图 8-2　库存现金日记账

1002 银行存款日记账

科目：1002 银行存款 　　　　　　期间：2×20.01 - 2×20.01

序号	日期	凭证字号	摘要	结算方式	票据号	借方	贷方	方向	余额
1			期初余额					借	
2									
3									
4									
5									
6									
7									
8									
9									
10									
11									

图 8-3　银行存款日记账

如上图所示，说明日记账必须按日入账。在实际操作中，一般都会分账号记录银行存款日记账，每月至少核对一次存款，看是否与银行实际存款数相符。

8.1.4　明细账的建立

明细账也叫明细分类账，是根据总账科目下的明细科目设置的，用于分类登记某一类经济业务事项，提供有关明细核算资料。

明细分类账一般是散页式的，便于增减明细账页。一般有三栏式、多栏式和数量金额式等。但是这些账簿登记的依据都是记账凭证，或者是汇总记账凭证。

明细账一般用于反映一个科目的经济业务，比如"应收账款明细账""应付账款明细账"等债权、债务的账目。明细账的好处是能单独完整地看到一个供应商或者债权、债务人的往来明细，以便查证是否已结清账款。

由于明细账汇总时的账页经常出现散落的情况，所以要及时将明细账装订成册。在软件系统中，明细账格式一般如图 8-4 所示，这里以应收账款为例。

1122应收账款明细账

科目：1122应收账款　　　　　　　期间：2×20.01-2×20.01

序号	期间	凭证字号	摘要	借方	贷方	方向	余额
1			期初余额			借	
2							
3							
4							
5							
6							
7							
8							
9							
10							
11							

图 8-4　应收账款明细账

8.1.5　备查账的建立

备查账，顾名思义就是根据工作中的需要，建立与实际相符的账目，以方便备查的账簿。备查账没有固定的账本形式和账页格式。

一般在酒店餐饮业中，仓库管理员可设置备查账，例如在用低值易耗品备查账，对于在用低值易耗品以及使用部门退回仓库的低值易耗品在该备查账簿上进行登记，以加强实物管理。

或者酒店前台设置发票备查账，详细登记增值税专用发票、普通发票的领购、缴销和结存等情况，以防止发票丢失。

又或者会计人员可设置应付账款备查账，用于登记账内需要说明原因的重要应付款项或账外的应付款项。例如，企业特殊的应计利息的应付账款，看是否到应计利息规定期限、是否已支付等。这些都根据企业实际情况来自行决定备查账内容。

8.2　与账簿有关的会计期末处理

期末处理是会计循环的最后一个环节，包括期末账务处理、对账、结账、编制会计报表以及会计档案整理归档等工作内容。

在结束一系列调整账务、结转相关成本、收入、利润分配以后，就到了会计工作的对账、结账阶段，这是编制会计报表，保证其正确性非常重要作用的阶段。因此为了保证账簿、报表的正确性，我们就必须在记账后做好对账、结账工作。

8.2.1 年末对账工作

对账是指对账簿记录进行检查和核对的工作，保证账证相符、账账相符和账实相符。所以对账的内容包括三个方面：账证核对、账账核对和账实核对。

根据《会计基础工作规范》第六十二条规定，各单位应当定期对会计账记录的有关数字与库存实物、货币资金、有价证券、往来单位或者个人等进行相互核对，保证账证相符、账账相符、账实相符。对账工作每年至少进行一次。

账证核对，是指各种账簿的记录与有关会计凭证进行核对。核对会计账簿记录与原始凭证、记账凭证的时间、凭证字号、内容、金额是否一致，记账方向是否相符。

账账核对，是指对各种账簿之间的有关数字进行核对。核对不同会计账簿之间的账簿记录是否相符，包括：总账有关账户的余额核对、总账与明细账核对、总账与日记账核对、会计部门的财产物资明细账与财产物资保管和使用部门的有关明细账核对等。具体核对内容如下。

总分类账各账户核对相符。本月借方发生额合计数与贷方发生额合计数是否相等；期末借方余额合计数与贷方余额合计数是否相等。

各明细分类账与总分类账户对应科目核对相符。本期借、贷方发生额合计数及期末余额合计数与总分类账应该分别核对相符，以检查各明细分类账的登记是否正确。

现金日记账和银行存款日记账的本期借、贷方发生额合计数及期末余额合计数与总分类账应该分别核对相符。这一核对工作的目的是检查日记账的登记是否正确。

明细分类账之间核对相符。例如会计部门明细账是否与仓管部门明细账相符。

账实核对也可以理解为"盘点工作",是指各种财产物资和往来款项的账面余额与实存数额相核对。具体内容包括如下四点。

①现金日记账账面余额与库存现金实有数相核对。

②银行存款日记账账面余额与银行对账单核对。

③各种财产物资明细分类账账面余额与其清查盘点后的实存数相核对。

④有关债权、债务明细账账面余额与对方单位账面记录核对。

上述的账实核对过程就是一系列的财产清查过程,通过实地盘点、核对、查询工作,确定各项财产物资、货币资金、往来款项的实际结存数,并与账面结存数相核对,以确定账实相符。

一般造成账实不符的原因有以下四种。

①财务人员在填制凭证过程中,出现漏记、错记或计算失误。

②由于管理人员贪污盗窃造成财产损失。

③保管过程中发生自然损耗。

④在结算过程中,往来双方记账时间不一致造成的记录差异等。

这些都是在日常工作中难以避免的,因此必须进行对账工作,财会人员再根据实存数调整账面记录,并查明原因,采取措施。

8.2.2 年末结账工作

结账是在将本期内所发生的经济业务全部登记入账并对账无误后,按照规定的方法对该期内的账簿进行小结，结算出本期发生额和余额，并将余额结转下期或者转入新的账套的一系列工作的统称。

根据《会计基础工作规范》第六十三规定，各单位应当按照规定定期结账。

①结账前，必须将本期内所发生的各项经济业务全部登记入账。

②结账时，应当结出每个账户的期末余额。需要结出当月发生额的，应当在摘要栏内注明"本月合计"字样，并在下面通栏划单红线。需要结出本年累计发生额的，应当在摘要栏内注明"本年累计"字样，并在下面通栏画单红线；12月末的"本年累计"就是全年累计发生额。全年累计发生额下面应当通栏划双红线。年度终了结账时，所有总账账户都应当结出全年发生额和年末余额。

③年度终了，要把各账户的余额结转到下一会计年度，并在摘要栏注明"结转下年"字样；在下一会计年度新建有关会计账簿的第一行余额栏内填写上年结转的余额，并在摘要栏注明"上年结转"字样。

一般在日常操作中，1～11月为月结，12月为年结。

◆ 每月结账时，应在各账户本月份最后一笔记录下面画一条通栏单红线，表示本月结束；然后在红线下面结出本月发生额合计数和月末余额，如果没有余额，在余额栏内写上"平"或"0"符号。

◆ 办理年结时，应在12月的月结下面填列全年12个月的发生额合计数和年末余额，如果没有余额，在余额栏内写上"平"或"0"符号，并在摘要栏内注明"本年合计"字样。

一般来讲，年末结束后，所有账簿都应分别装订成册，总账、日记账和多数明细账应每年更换一次。备查账簿可以连续使用。旧账簿应封面完整地保管在企业财务室。

8.3 会计账簿的保管工作

会计账簿是各单位重要的经济资料，必须建立管理制度，妥善保管。账簿管理分为平时管理和归档保管两部分。财务人员有义务保管好各类会计账簿，以供后期查阅。会计账簿和其他会计资料都有各自的保管期限，下面我们就来大致了解一下。

8.3.1 会计资料平时的保管工作

根据《会计基础工作规范》第五十五条规定，会计机构、会计人员要妥善保管会计凭证。

①会计凭证应当及时传递，不得积压。

②会计凭证登记完毕后，应当按照分类和编号顺序保管，不得散乱丢失。

③记账凭证应当连同所附的原始凭证或者原始凭证汇总表，按照编号顺序，折叠整齐，按期装订成册，并加具封面，注明单位名称、年度、月份和起讫日期、凭证种类、起讫号码，由装订人在装订线封签外签名或者盖章。对于数量过多的原始凭证，可以单独装订保管，在封面上注明记账凭证日期、编号、种类，同时在记账凭证上注明"附件另订"和原始凭证名称及编号。各种经济合同、存出保证金收据以及涉外文件等重要原始凭证，应当另编目录，单独登记保管，并在有关的记账凭证和原始凭证上相互注明日期和编号。

④原始凭证不得外借，其他单位如因特殊原因需要使用原始凭证时，经本单位会计机构负责人、会计主管人员批准，可以复制。向外单位提供的原始凭证复制件，应当在专设的登记簿上登记，并由提供人员和收取人员共同签名或者盖章。

⑤从外单位取得的原始凭证如有遗失，应当取得原开出单位盖有公章的证明，并注明原来凭证的号码、金额和内容等，由经办单位会计机构负责人、

会计主管人员和单位领导人批准后，才能代作原始凭证。如果确实无法取得证明的，如火车、轮船、飞机票等凭证，由当事人写出详细情况，由经办单位会计机构负责人、会计主管人员和单位领导人批准后，代作原始凭证。

上述五项是会计基础工作的相关规定，也是我们在工作中必须遵守的相关规定，应该认真执行。

而关于账簿，也有如下一些日常管理规定。

①各种账簿在登记时应分工明确，且要有专门人员保管，一般由账簿的记账人员保管。

②未经领导或会计负责人批准，会计账簿的非经管人员不得随意查阅、摘抄和复制账簿。

③会计账簿一般不得随意携带外出，特殊情况需要带出的，应经过单位领导或会计主管人员批准，并指定专人负责外出会计账簿的安全性、完整性。

④会计账簿不得随意交给其他人员管理，防止涂改、毁坏账簿等问题的发生。

⑤归档前，应检查更换的旧账是否齐全，是否全部结账，余额是否都已经结转。其中，订本式账簿应注销空行和空页；活页式账簿应抽出未使用的空页，然后装订成册并注明账页的总页码及每一账户的分页码。

⑥更换下来的旧账簿在整理好后装订成册，然后编制目录，填写移交清单，办理移交手续，归档保管。

8.3.2　账簿的移交与销毁

会计账簿要根据有关规定，进行移交和销毁工作，以确保企业的账簿管理有效性。

（1）移交工作

根据《会计档案管理办法》第十二条规定，单位会计管理机构在办理会计档案移交时，应当编制会计档案移交清册，并按照国家档案管理的有关规定办理移交手续。

纸质会计档案移交时应当保持原卷的封装。电子会计档案移交时应当将电子会计档案及其元数据一并移交，且文件格式应当符合国家档案管理的有关规定。特殊格式的电子会计档案应当与其读取平台一并移交。单位档案管理机构接收电子会计档案时，应当对电子会计档案的准确性、完整性、可用性、安全性进行检测，符合要求的才能接收。

移交人员在办理移交时，要按移交清册逐项移交；接替人员要逐项核对点收。现金、有价证券等要根据会计账簿有关记录进行点交。库存现金、有价证券的实有数必须与会计账簿记录保持一致，不一致时，移交人员必须限期查清。

会计凭证、会计账簿、会计报表和其他会计资料必须完整无缺。如有短缺，必须查清原因，并在移交清册中注明，由移交人员负责。

银行存款账户余额要与银行对账单核对，如不一致，应当编制银行存款余额调节表调节相符。各种财产物资和债权、债务的明细账户余额要与总账有关账户余额核对相符；必要时，要抽查个别账户的余额，与实物核对相符，或者与往来单位、个人核对清楚。

移交人员经管的票据、印章和其他实物等，必须交接清楚；移交人员从事会计电算化工作的，要对有关电子数据在实际操作状态下进行交接。

会计机构负责人、会计主管人员移交时，还必须将全部财务会计工作、重大财务收支和会计人员的情况等，向接替人员作详细介绍；对需要移交的遗留问题，应当写出书面材料。

交接完毕后，交接双方和监交人员要在移交清册上签名或者盖章，并在移交清册上注明单位名称，交接日期，交接双方和监交人员的职务、姓名，移交清册页数以及需要说明的问题和意见等。移交清册一般应当填制一式三份，交接双方各执一份，存档一份。

单位应当定期对已到保管期限的会计档案进行鉴定，并形成会计档案鉴定意见书。经鉴定，仍需继续保存的会计档案，应当重新划定保管期限；对保管期满，确无保存价值的会计档案，可以申请销毁。

（2）销毁工作

根据《会计档案管理办法》第十六条及第十八条规定，企业经鉴定可以销毁的会计档案，应当按照以下程序销毁。

首先，单位档案管理机构编制会计档案销毁清册，列明拟销毁会计档案的名称、卷号、册数、起止年度、档案编号、应保管期限、已保管期限和销毁时间等内容。

然后，单位负责人、档案管理机构负责人、会计管理机构负责人、档案管理机构经办人、会计管理机构经办人在会计档案销毁清册上签署意见。

最后，单位档案管理机构负责组织会计档案销毁工作，并与会计管理机构共同派员监销。监销人在会计档案销毁前，应当按照会计档案销毁清册所列内容进行清点核对；在会计档案销毁后，应当在会计档案销毁清册上签名或盖章。电子会计档案的销毁还应当符合国家有关电子档案的规定，并由单位档案管理机构、会计管理机构和信息系统管理机构共同派员监销。

保管期满但未结清的债权债务会计凭证和涉及其他未了事项的会计凭证不得销毁，纸质会计档案应当单独抽出立卷，电子会计档案单独转存，保管到未了事项完结时为止。单独抽出立卷或转存的会计档案，应当在会计档案鉴定意见书、会计档案销毁清册和会计档案保管清册中列明。

8.3.3　账簿及其他会计资料的保管期限

根据《会计档案管理办法》第六条规定，如表8-1所示的会计资料应当进行归档。

表 8-1　需要进行归档的会计资料

类　　别	资　　料
会计凭证类	原始凭证、记账凭证、汇总凭证等
会计账簿类	总账、明细账、日记账、固定资产卡片及其他辅助性账簿
财务会计报告类	月度、季度、半年度、年度财务会计报告
其他会计资料类	银行存款余额调节表、银行对账单、纳税申报表、会计档案移交清册、会计档案保管清册、会计档案销毁清册、会计档案鉴定意见书及其他具有保存价值的会计资料

实行会计电算化的单位，有关的电子数据和相应软件资料也应当归档。

《会计档案管理办法》第八条规定，关于电子版资料，满足如表 8-2 所示条件的，单位内部形成的属于归档范围的电子会计资料可仅以电子形式保存，形成电子会计档案。

表 8-2　可仅以电子形式保存的会计资料

条　　目	资　　料
1	形成的电子会计资料来源真实有效，由计算机等电子设备形成和传输
2	使用的会计核算系统能够准确、完整、有效接收和读取电子会计资料，能够输出符合国家标准归档格式的会计凭证、会计账簿、财务会计报表等会计资料，设定了经办、审核、审批等必要的审签程序
3	使用的电子档案管理系统能够有效接收、管理、利用电子会计档案，符合电子档案的长期保管要求，并建立了电子会计档案与相关联的其他纸质会计档案的检索关系
4	采取有效措施，防止电子会计档案被篡改
5	建立电子会计档案备份制度，能够有效防范自然灾害、意外事故和人为破坏的影响
6	形成的电子会计资料不属于具有永久保存价值或者其他重要保存价值的会计档案

相关规章制度对上述会计资料的归档保管期限也做了明确的规定，按

特点可分为永久性以及定期性两种。定期保管期限一般分为 10 年和 30 年。

◆ 采用电子计算机进行会计核算的单位，应当保存打印出的纸质会
计档案。

◆ 具备采用磁带、磁盘、光盘、微缩胶片等介质保存会计档案条件的，
由国务院主管部门统一规定，并报财政部、国家档案局备案。

会计档案的管理期限从会计年度终了第一大算起，如 2019 年度终了为
12 月 31 日，换下来的旧账簿的保管期限就从 2020 年 1 月 1 日开始计算。
相关的最低保管期限如表 8-3 所示。

表 8-3　会计资料的最低保管期限规定

序　号	档案名称	最低保管期限	备　注
一	会计凭证		
1	原始凭证	30 年	
2	记账凭证	30 年	
二	会计账簿		
3	总账	30 年	
4	明细账	30 年	
5	日记账	30 年	
6	固定资产卡片		固定资产报废清理后保管 5 年
7	其他辅助性账簿	30 年	
三	财务会计报告		
8	月度、季度、半年度财务会计报告	10 年	
9	年度财务会计报告	永久	
四	其他会计资料		

续表

序　　号	档案名称	最低保管期限	备　　注
10	银行存款余额调节表	10 年	
11	银行对账单	10 年	
12	纳税申报表	10 年	
13	会计档案移交清册	30 年	
14	会计档案保管清册	永久	
15	会计档案销毁清册	永久	
16	会计档案鉴定意见书	永久	

本章关于账簿的期末工作以及保管工作的相关规定，我们简单列举了若干内容，有兴趣的读者朋友可以完整学习《会计档案管理办法》以及《会计基础工作规范》对于相关会计工作的规定内容。

熟知会计报表的编制

第 9 章

　　会计报表是反映企业资产、负债、所有者权益以及经营成果等最直观的报告，也是企业管理层需要了解的会计信息的载体，以便作出后期的经营决策。会计报告也会面向社会和有关税务部门，以供完成税务申报等工作。所以了解会计报表如何编制以及组成情况，是会计工作者必须要做的事情。下面我们就来了解怎样编制会计报表。

9.1 资产负债表的格式和编制

在开始各种会计报表编制之前，先来了解会计报表包含哪些内容以及相关分类方式。

◆ 会计报表内容。

会计报表是反映企业或预算单位一定时期资金、利润状况的报表，包括资产负债表、利润表、现金流量表以及附表和附注。会计报表是财务报告的主要组成部分，其作用包括以下四个方面。

①全面系统地揭示企业一定时期的财务状况、经营成果和现金流量情况，有利于经营管理人员了解本单位各项任务指标的完成情况，以便及时发现问题，调整经营方向，制定措施和方案，改善管理水平，提高经济效益，为经济预测和经营决策提供依据。

②有利于国家经济管理部门了解国民经济的运行状况。通过对各单位提供的财务报表资料进行汇总和分析，了解和掌握各行业、各地区的经济发展情况，以便宏观调控经济运行，优化资源配置，保证国民经济稳定持续发展。

③有利于投资者、债权人和其他有关各方掌握企业的财务状况、经营成果和现金流量情况，进而分析企业的盈利能力、偿债能力、投资收益和发展前景等，为他们投资、贷款和贸易提供决策依据。

④有利于满足财政、税务、工商、审计等部门监督企业经营管理的需求。通过财务报表可以检查、监督各企业是否遵守国家的各项法律、法规和制度，有无偷税漏税的行为等。

◆ 会计报表分类方式。

按照时间的不同，会计报表可分为月报、季报以及年报。月报是指以一个月为一个会计期间编制的会计报表，反映企业一个月内的运营状况。

季报是以一个季度（即 3 个月）为一个会计期间编制的会计报表。年报是反映企业从每年 1 月 1 日至 12 月 31 日所有的经济业务状况的报表。

按照编制主体的不同，可分为个别报表和汇总报表。

在以母公司和子公司组成的具有控股关系的企业集团中，区别在于是由母公司和子公司各自为主体分别单独编制的报表，子公司编制反映子公司的报表称为个别报表，母公司汇总编制子公司以及母公司的报表称为汇总报表。两种报表用以分别反映母公司和子公司本身各自的财务状况、经营成果和现金流量情况。

◆ 会计报表编制要求。

在编制报表时，应注意如表 9-1 所示的要求。

表 9-1　编制报表的要求

要　　求	说　　明
数字真实	财务报告中的各项数据必须真实可靠，如实地反映企业的财务状况、经营成果和现金流量。这是对会计信息质量的基本要求
内容完整	财务报表应当反映企业经济活动的全貌，全面反映企业的财务状况和经营成果，才能满足各方面对会计信息的需要。凡是国家要求提供的财务报表，各企业必须全部编制并报送，不得漏编和漏报。凡是国家统一要求披露的信息，都必须披露
计算准确	日常的会计核算要求编制财务报表的数据，必须是以核对无误后的账簿记录和其他有关资料为依据，不能使用估计或推算的数据，更不能以任何方式弄虚作假，玩数字游戏或隐瞒谎报
报送及时	及时性是会计信息的重要特征，财务报表信息只有及时地传递给信息使用者，才能为使用者的决策提供依据。比如当期发生费用必须及时入账，然后纳入财务报表数据中，否则，对报告使用者来说，就大大降低了会计信息的使用价值
手续完备	企业对外提供的财务报表应加具封面、装订成册、加盖公章。财务报表封面上应当注明企业名称、企业统一社会信用代码、组织形式、地址、报表所属年度或者月份、报出日期，并签字

本章将主要了解会计报表中使用最广泛的三大报表：资产负债表、利润表和现金流量表。

9.1.1 资产负债表的格式

资产负债表是指反映企业在某一特定日期的财务状况的报表。

资产负债表根据会计的一个恒等式保持平衡，这一恒等式为"资产 = 负债 + 所有者权益"，依照一定的分类标准和一定的次序，将某一特定日期的资产、负债、所有者权益的具体项目予以适当的排列编制而成。

资产负债表是一张非常重要的财务报表，其重要性在于它是一张反映企业一定时期财务状况的静态报表。它通过一系列的分录、转账、分类账、试算、调整等会计程序后，将企业在某一特定日期所拥有或控制的经济资源、所承担的现有义务和所有者对净资产的要求权全面浓缩在一张报表内。这样可以方便阅读者在短时间内全面了解企业的经营情况。

在了解资产负债表的格式前，先了解资产负债表具体表现的意义有哪些？通过"资产 = 负债 + 所有者权益"这一恒等式，来归纳资产负债表的意义体现在以下三个方面。

反映企业资产结构及其状况。从流动资产，可了解到企业银行的存款以及变现能力，掌握资产的实际流动性与质量；从长期投资，掌握企业从事的是实业投资还是股权、债权投资以及是否存在新的利润增长点或潜在风险；通过了解固定资产、工程物资和在建工程，将其与同期比较，掌握固定资产消长趋势。

反映企业负债总额及其结构。可了解企业资产来源。根据恒等式可知，如果一个企业的负债增加，且资产总额没变，那么相应的企业所有者权益就减少，即企业净资产减少。此时资产看起来很多，实际上是由企业负债金额撑起来的。

可以反映企业所有者权益的情况。可了解企业现有投资者在企业投资总额中所占的份额。实收资本和留存收益是所有者权益的重要内容，反映了企业投资者对企业的初始投入和资本累计的多少，也如实反映了企业的资本结构和财务实力。

根据上述三项大版块分析，可据以计算预测偿债能力和资本组成结构。

企业偿债能力是指企业用全部资产能偿还多少负债的能力，资产越多、负债越少，偿债能力就越强，反之则可能资不抵债，原因可能是长期亏损，或者举债过多等。

资产负债表格式可以分为账户式和报告式两大类，根据《企业会计准则第 30 号——财务报表列报》的规定，我国企业的资产负债表采用账户式格式。

账户式资产负债表分左右两边，左侧为资产项目，大体按资产的流动性大小排列，分为流动资产和非流动资产。流动性大的为流动资产，比如"货币资金""交易性金融资产"等；流动性小的为非流动资产，如"长期股权投资""固定资产"。

右侧为负债及所有者权益项目，一般按要求清偿时间的先后顺序排列，"短期借款""应付票据"和"应付账款"等需要在一年以内或者长于一年的一个正常营业周期内偿还的流动负债排在前面，"长期借款"等在一年以上才需偿还的非流动负债排在中间，在企业清算之前不需要偿还的所有者权益项目排在后面。

资产负债表的格式满足"左侧资产 = 右侧负债 + 右侧所有者权益"，按照类别和流动性分类分项填列。具体格式如图 9-1 所示。

资产负债表

编制单位：恺宾酒店　　　　　　　　　　年　　月　　日

会企 01 表
单位：元

资产	期末余额	年初余额	负债和所有者权益（或股东权益）	期末余额	年初余额
流动资产：			流动负债：		
货币资金			短期借款		
交易性金融资产			交易性金融负债		
衍生金融资产			衍生金融负债		
应收票据			应付票据		
应收账款			应付账款		
预付款项			预收款项		
其他应收款			合同负债		
存货			应付职工薪酬		
合同资产			应交税费		
持有待售资产			其他应付款		
一年内到期的非流动资产			持有待售负债		
其他流动资产			一年内到期的非流动负债		
流动资产合计			其他流动负债		
非流动资产：			流动负债合计		
债权投资			非流动负债：		
其他债权投资			长期借款		
长期应收款			应付债券		
长期股权投资			其中：优先股		
其他权益工具投资			永续债		
其他非流动金融资产			租赁负债		
投资性房地产			长期应付款		
固定资产			预计负债		
在建工程			递延收益		
生产性生物资产			递延所得税负债		
油气资产			其他非流动负债		
使用权资产			非流动负债合计		
无形资产			负债合计		
开发支出			所有者权益（或股东权益）：		
商誉			实收资本（或股本）		
长期待摊费用			其他权益工具		
递延所得税资产			其中：优先股		
其他非流动资产			永续债		
非流动资产合计			资本公积		
			减：库存股		
			其他综合收益		
			专项储备		
			盈余公积		
			未分配利润		
			所有者权益（或股东权益）合计		
资产总计			负债和所有者权益（或股东权益）总计		

单位负责人：　　　　　　　　财务主管：　　　　　　　制表人：

图 9-1　资产负债表

9.1.2　资产负债表的编制

资产负债表各项目均需填列"年初余额"和"期末余额"两栏，其中"年初余额"栏内各项数字应根据上一年末资产负债表的"期末余额"栏内所列数字填列。"期末余额"栏中的各项数据来源会因为不同的科目处理方式有所不同。

（1）根据明细账科目余额计算填列的项目

该填列方式指根据科目的相关明细科目余额填写，具体如表 9-2 所示。

表 9-2　根据明细科目余额计算填列的要求

科　　目	填列要求
"应付账款"项目	应根据"应付账款"和"预付账款"两个科目的相关明细科目的期末贷方余额合计数填列
"预收款项"项目	应根据"预收账款"和"应收账款"科目的各明细科目的期末贷方余额合计数填列
"应收账款"项目	以"应收账款"和"预付账款"科目的明细科目期末借方余额合计减去"坏账准备"科目中有关应收账款计提的坏账准备期末余额后的金额填列
"预付账款"项目	以"应付账款"和"预付账款"等科目的明细科目期末借方余额合计数减去"坏账准备"科目中有关预付账款计提的坏账准备期末余额后的金额填列
"一年内到期的非流动资产"和"一年内到期的非流动负债"项目	应根据有关非流动资产或者负债项目的明细科目余额分析填列
"未分配利润"项目	应根据"利润分配"科目中的"未分配利润"明细科目的期末余额填列

| 范例解析 |　预付账款等项目的填列

　　恺宾酒店 2×20 年 6 月 30 日应收账款、预付账款、应付账款和预收账款等期末余额如下：应收账款科目期末为借方余额 250 000.00 元，预收账款期末为借方余额 80 000.00 元，预付账款期末为借方余额 85 000.00 元，应付账款期末为借方余额 125 000.00 元，实际填列时调整如下。

　　应收账款项目金额（假定不考虑坏账准备）＝"应收账款"明细账户借方余额＋"预收账款"明细账户借方余额 =250 000.00+80 000.00=330 000.00（元）

　　预付账款项目金额＝"预付账款"明细账户借方余额＋"应付账款"明细账户借方余额 =85 000.00+125 000.00=210 000.00（元）

这样填列，可以理解为预付账款是资产类科目，借方余额代表预付给对方的钱（等同于已经支付了一部分应付账款），贷方余额代表应付给对方的钱（等同于应付账款的贷方余额），所以预付账款明细账户借方余额可以加上"应付账款"明细账户借方余额，表示预付给对方的钱。

（2）根据总账科目余额填列

如"应收票据""交易性金融资产""短期借款""应付票据"和"应付职工薪酬"等项目，根据"应收票据""交易性金融资产""短期借款""应付票据"和"应付职工薪酬"等各总账科目的余额直接填列。

有些项目则需根据几个总账科目的期末余额计算填列，如资产负债表中的"货币资金"项目，需要根据"库存现金""银行存款"和"其他货币资金"三个总账科目的期末余额的合计数填列。

| 范例解析 | 货币资金项目的填列

恺宾酒店 2×20 年 6 月 30 日期末，"库存现金"科目借方余额为 12 000.00 元，"银行存款"科目借方余额为 320 000.00 元，"其他货币资金"科目借方余额为 0.00 元。填列"货币资金"项目。

"货币资金"项目金额 =12 000.00+320 000.00=332 000.00（元）

（3）根据总账科目和明细账科目余额分析计算填列

例如"长期借款"项目，需要根据"长期借款"总账科目余额，扣除"长期借款"科目下的明细科目中将在一年内到期，且企业不能自主地将清偿义务展期的长期借款后的金额计算填列。

| 范例解析 | 长期借款项目的填列

恺宾酒店 2×20 年 6 月 30 日期末，"长期借款"科目的期末贷方余额是 100 000.00 元，其中一年内到期的长期借款是 20 000.00 元，那么在资产负债表里的"长期借款"项目的填列如下。

"长期借款"项目金额 =100 000.00−20 000.00=80 000.00（元）

（4）根据有关科目余额减去其备抵科目余额后的净额填列

如资产负债表中的"长期股权投资"和"在建工程"等项目，应当根据"长期股权投资"和"在建工程"等科目的期末余额减去"长期股权投资减值准备"或"在建工程减值准备"等科目余额后的净额填列。

"固定资产"项目，应当根据"固定资产"科目的期末余额减去"累计折旧"和"固定资产减值准备"等备抵科目余额后的净额填列。

"无形资产"项目，应当根据"无形资产"科目的期末余额减去"累计摊销"和"无形资产减值准备"等备抵科目余额后的净额填列。

| 范例解析 | 固定资产项目的填列

恺宾酒店 2×20 年 6 月 30 日出具半年度财务报表，酒店上半年购入数台空气净化器，总价合计 110 000.00 元，截至年末，该批固定资产发生折旧费用 25 000.00 元，发生减值准备 10 000.00 元，"固定资产"项目的填列如下。

"固定资产"项目金额 =110 000.00−25 000.00−10 000.00=75 000.00（元）

9.2   利润表的格式和编制

利润表是反映企业一定会计期间生产经营成果的会计报表。企业一定会计期间的经营成果既可能表现为盈利，也可能表现为亏损，因此，利润表也被称为损益表。同时，利润表反映了某一期间的收入、费用和利润情况，因此是一张动态报表。

9.2.1   利润表的格式

利润表是根据"收入 − 费用 = 利润"的基本关系来编制的，其具体内容取决于收入、费用、利润等会计要素及其内容，所以利润表项目是收入、费用和利润要素内容的具体体现。在了解利润表格式之前，先来了解利润表的主要作用有哪些。

编制利润表的主要目的是将企业经营成果的信息提供给各方报表使用

者，以供他们作为决策的依据或参考。其主要作用有以下四方面。

①可以解释、评价和预测企业的经营成果和获利能力。

②可据以解释、评价和预测企业的偿债能力。

③企业管理人员可据以作出经营决策。

④可据以评价和考核管理人员的绩效。

我国企业会计制度规定，企业的利润表采用多步式，每个项目通常又分为"本月数"和"本年累计数"两栏分别填列。"本月数"栏反映各项目的本月实际发生数；"本年累计数"栏反映各项目自年初起至报告期末止的累计实际发生数。多步式利润表具体格式如图 9-2 所示。

利润表		
		单位：元
单位：		年　月
项　　　目	本月金额	本年累计金额
一、营业收入		
减：营业成本		
税金及附加		
销售费用		
管理费用		
财务费用		
资产减值损失		
……		
加：公允价值变动收益（损失以"-"填列）		
投资收益（损失以"-"填列）		
其中：对联营企业和合营企业的投资收益		
二、营业利润（亏损以"-"号填列）		
加：营业外收入		
减：营业外支出		
其中：非流动资产处置损失		
三、利润总额（亏损总额以"-"号填列）		
减：所得税费用		
四、净利润（净亏损以"-"号填列）		
五、每股收益		
（一）基本每股收益		
（二）稀释每股收益		
单位负责人：	财务主管：	制表人：

图 9-2　多步式利润表

利润表一般有表首、正表两部分。其中表首说明报表名称、编制单位、编制日期、报表编号、货币名称和计量单位等信息;正表则是利润表的主体,反映形成经营成果的各个项目和计算过程。

9.2.2　利润表的编制

我国企业采用多步式的利润表,在编制时按照如下步骤进行。

第一步,以主营业务收入为基础,减去主营业务成本和税金及附加,计算得出主营业务利润;然后以营业收入为基础,减去营业成本、税金及附加、销售费用、管理费用、财务费用和资产减值损失等,加上公允价值变动收益(减去公允价值变动损失)和投资收益(减去投资损失)等,计算出营业利润并填入对应位置,计算公式为如下。

营业利润=主营业务收入−主营业务成本−主营业务税金及附加+其他业务利润−管理费用−营业费用−财务费用+公允价值变动收益+投资收益等

第二步,以营业利润为基础,加上营业外收入,减去营业外支出,计算出利润总额并填入对应位置。

第三步,以利润总额为基础,减去所得税费用,计算出净利润(或亏损)并填入对应位置。

第四步,检验利润表的完整性及准确性,包括表头部分的填制是否齐全、各项目的填列是否正确、各种利润的计算是否正确以及是否签字盖章。

通过上述四个步骤即可计算出企业最终的净利润(或净亏损)。下面通过表9-3来看看"本月数"栏的每一项数据的填列规则。

表 9-3　利润表填列规则

项　　目	填　　列
营业收入	反映企业经营业务所得的收入总额。本项目应根据"主营业务收入"和"其他业务收入"账户的发生额分析填列

项　　目	填　　列
营业成本	反映企业经营主要业务和其他业务所确认的成本总额，根据"主营业务成本"和"其他业务成本"账户的发生额分析填列
税金及附加	反映企业经营业务应负担的消费税、城市维护建设税、资源税、土地增值税等税种的税费，根据"税金及附加"账户的发生额分析填列
销售费用	反映企业在销售商品和商品流通企业在购入商品等过程中发生的费用，包括销售商品过程中发生的包装费、保险费、展览费和广告费、运输费、装卸费等费用，以及销售人员职工薪酬。本项目应根据"销售费用"账户的发生额分析填列
管理费用	反映企业行政管理等部门日常工作中所发生的费用。本项目应根据"管理费用"账户的发生额分析填列
财务费用	反映企业发生的利息支出、汇兑损失、相关手续费等。本项目应根据"财务费用"账户及其明细账户的发生额分析填列
资产减值损失	反映企业存货和固定资产等发生的减值损失。本项目应根据"资产减值损失"账户的发生额分析填列
公允价值变动损益	反映企业交易性金融资产等公允价值变动所形成的当期利得和损失。本项目应根据"公允价值变动损益"账户的发生额分析填列
投资收益	反映企业以各种方式对外投资所取得的收益。本项目应根据"投资收益"账户的发生额分析填列；如为投资损失，以"－"号填列
营业外收入	反映企业发生的与其生产经营活动无直接关系的各项收入，根据"营业外收入"账户的发生额分析填列
营业外支出	反映企业发生的与其生产经营活动无直接关系的各项支出，根据"营业外支出"账户的发生额分析填列
所得税费用	反映企业应从当期利润总额中扣除的所得税费用，根据"所得税费用"账户的发生额分析填列

| 范例解析 | 利润表的利润总额、净利润项目的计算

恺宾酒店 2×20 年 6 月 30 日，酒店半年末根据账目余额表显示，相关科目发生额如下所示。

主营业务收入 6 200 000.00 元，销售费用 500 000.00 元，主营业务成本 5 000 000.00 元，管理费用 600 000.00 元，其他业务收入 800 000.00 元，营业外收入 100 000.00 元，其他业务成本 400 000.00 元，税金及附加 15 000.00 元，营业外支出 150 000.00 元，财务费用 30 000.00 元，所得税费用 150 000.00 元。

根据上述数据计算营业利润、利润总额、净利润。

营业利润 =6 200 000.00+800 000.00−5 000 000.00−400 000.00−500 000.00−600 000.00−15 000.00−30 000.00=455 000.00（元）

利润总额 =455 000.00−150 000.00+100 000.00=405 000.00（元）

净利润 =405 000.00−150 000.00=255 000.00（元）

9.3 现金流量表的格式和编制

现金流量表反映企业现金流量的来龙去脉，其中分为经营活动、投资活动及筹资活动三个部分。

现金流量表是反映企业在一定会计期间现金和现金等价物流入和流出的报表。我国企业现金流量表采用报告式结构，分类反映经营活动产生的现金流量、投资活动产生的现金流量和筹资活动产生的现金流量，最后汇总反映企业某一期间现金及现金等价物的净增加额。

下面我们来了解现金流量表的内容格式以及编制方法。

9.3.1 现金流量表的格式

现金流量表的主要作用是决定企业短期生存能力和在短期内的支付能力。

现金流量表是一张分析报表，如果一家企业经营活动产生的现金流无法支付股利，从而它得用借款的方式满足这些需要，那么这就给出了一个警告，这家企业从长期来看无法维持正常经营情况下的支出。

编制现金流量表的具体作用有如下三个。

①弥补资产负债表信息量的不足。资产负债表是利用资产、负债、所

有者权益三个会计要素的期末余额编制的,而利润表是利用收入、成本、费用、利润的本期发生额编制的,可以看出都没有对会计要素的增减变动额的体现,而现金流量表恰好体现了这一点。

②从现金流量的角度对企业进行评估考核,现金流量表反映一个企业的现金流量情况,进而反映企业的偿债能力。

③了解企业筹措现金、生成现金的能力。如图 9-3 所示的是现金流量表的一般格式。

现金流量表

会企 03 表

编制单位:　　　　　　　　　年　　月　　　　　　　　　　单位:元

项目	本月金额	本年累计金额
一、经营活动产生的现金流量:		
销售商品、提供劳务收到的现金		
收到的税费返还		
收到其他与经营活动有关的现金		
经营活动现金流入小计		
购买商品、接受劳务支付的现金		
支付给职工以及为职工支付的现金		
支付的各项税费		
支付其他与经营活动有关的现金		
经营活动现金流出小计		
经营活动产生的现金流量净额		
二、投资活动产生的现金流量:		
收回投资收到的现金		
取得投资收益收到的现金		
处置固定资产、无形资产和其他长期资产收回的现金净额		
处置子公司及其他营业单位收到的现金净额		
收到其他与投资活动有关的现金		
投资活动现金流入小计		
购建固定资产、无形资产和其他长期资产支付的现金		
投资支付的现金		
取得子公司及其他营业单位支付的现金净额		
支付其他与投资活动有关的现金		
投资活动现金流出小计		
投资活动产生的现金流量净额		
三、筹资活动产生的现金流量:		
吸收投资收到的现金		
取得借款收到的现金		
收到其他与筹资活动有关的现金		
筹资活动现金流入小计		
偿还债务支付的现金		
分配股利、利润或偿付利息支付的现金		
支付其他与筹资活动有关的现金		
筹资活动现金流出小计		
筹资活动产生的现金流量净额		
四、汇率变动对现金及现金等价物的影响		
五、现金及现金等价物净增加额		
加:期初现金及现金等价物余额		
六、期末现金及现金等价物余额		

单位负责人:　　　　　　　　财务主管:　　　　　　　　制表人:

图 9-3　现金流量表

如上图所示，现金流量表中产生现金流量的情况有三大类，包括经营活动、投资活动及筹资活动，下面来简单了解每一个项目的数据是怎么得来的。

（1）与经营活动有关的项目

销售商品、提供劳务收到的现金。它包括企业因销售商品、提供劳务所发生的现金流入额。一般使用如下计算公式。

销售商品、提供劳务收到的现金=主营业务收入+销项税额+其他业务收入（不含租金）+应收账款（初-末）+应收票据（初-末）+预收账款（末-初）+本期收回前期核销坏账-本期计提的坏账准备-本期核销坏账-现金折扣-票据贴现利息支出-视同销售的销项税额-以物抵债的减少+收到的补价

收到的税费返还。它包括返还的增值税、消费税、关税、所得税和教育费附加等税费。

收到其他与经营活动有关的现金。它包括罚款收入、个人赔偿和经营租赁收入等。

购买商品、接受劳务支付的现金。它包括企业因购买商品、接受劳务所发生的现金流出额。一般使用如下计算公式。

购买商品、接受劳务支付的现金=主营业务成本+进项税额+其他业务支出（不含租金）+存货（末-初）+应付账款（初-末）+应付票据（初-末）+预付账款（末-初）+存货损耗+工程领用、投资、赞助的存货-收到非现金抵债的存货-成本中非物料消耗（人工、水电、折旧）-接受投资、捐赠的存货-视同购货的进项税额+支付的补价

支付给职工以及为职工支付的现金。它包括支付给职工的工资、奖金、津贴、劳动保险、社会保险、住房公积金和其他福利费等。内容依据的科目包括应付职工薪酬、应付福利费、库存现金和银行存款等。一般使用如下计算公式。

支付给职工以及为职工支付的现金=应付职工薪酬减少（初-末）+应付福利费减少（初-末）

支付的各项税费。它包括本期实际缴纳的增值税、消费税、关税、所得税、教育费附加、矿产资源补偿费和"四税"等各项税费。一般使用如下计算公式。

支付的各项税费=所得税费用+税金及附加+已交增值税等

支付的其他与经营活动有关的现金。它包括罚款支出、差旅费、业务招待费、保险支出和经营租赁支出等。

（2）与投资活动有关的项目

收回投资收到的现金。它包括短期股权、短期债权；长期股权、长期债权本金。依据的科目包括短期投资、长期股权投资、长期债权投资、库存现金和银行存款等。

取得投资收益。它包括收到的股利、利息、利润，填列时依据投资收益、库存现金和银行存款等科目填列。

处置固定资产、无形资产和其他长期资产收回的现金净额。它包括处置固定资产、无形资产、其他长期资产收到的现金减去处置费用后的净额，加上保险赔偿；负数在"支付其他与投资活动有关的现金"项目中反映。

收到其他投资活动的现金。根据应收股利、应收利息、库存现金、银行存款等相关科目填写。

购置固定资产、无形资产和其他长期资产所支付的现金。根据固定资产、在建工程、无形资产的相关支付款项来填写。

投资支付的现金。它包括进行股权性投资、债权性投资支付的本金及佣金、手续费等附加费。根据短期投资、长期股权投资、长期债权投资、库存现金和银行存款等科目填写。

支付其他投资活动的现金。它包括支付购买股票时宣告未付的股利及利息。

（3）与筹资活动有关的项目

收到投资的现金。它包括发行股票、债券的收入。

取得借款收到的现金。依据短期借款、长期借款、库存现金和银行存款等科目中举借的借款金额填列。

其他筹资活动收到的现金。它指接受现金捐赠、股东投资计入"资本公积"的金额等。

偿还债务支付的现金。它指偿还借款本金、债券本金的金额，不包含利息。

分配股利、利润和偿还利息支付的现金。它指支付给其他投资单位或者银行的股利、利息、利润等，依据应付股利、长期借款、财务费用、库存现金和银行存款这几个科目的相关数据填列。

支付其他与筹资活动有关的现金。如捐赠支出、融资租赁支出、企业直接支付的发行股票债券的审计、咨询等费用。

以上就是日常现金流量表会涉及的项目和需要进行计算的科目，以及数据来源，下一节主要介绍现金流量表编制的相关方法。

9.3.2　现金流量表的编制

在编制现金流量表时，要遵循一定原则，包括如下四个方面。

◆ 一定要合理划分经营活动、投资活动和筹资活动，有些交易或者事项难以划分，就只有根据特定状况去判断。例如，实际缴纳的企业所得税，由于很难区分缴纳的是经营活动产生的所得税费用，还是投资或筹资活动产生的所得税费用，通常将其作为经营活动的现金流量。

◆ 现金流量表是以人民币为货币反映形式，因此要将外币现金流量折算成人民币现金流量。汇率变动对现金的影响作为调节项目，在现金流量表中单独列示。

◆ 现金流量表一般应按照现金流量总额反映。一定时期的现金流量通常可按现金流量总额或现金流量净额反映。现金流量总额指分别反映现金流入和流出总额，而不以现金流入和流出相抵后的净额反映。现金流量净额指以现金流入和流出相抵后的净额反映。

◆ 在《企业会计制度》中，对于不涉及现金的重要的投资和筹资活动，是在现金流量表"补充资料"（或附注）中反映的，即非企业常发生的业务不必单独列支。

现金流量表编制的方法有工作底稿法以及 T 形账户法。下面来分别了解一下。

（1）工作底稿法

工作底稿是一种编制手段，在编制时以利润表和资产负债表的数据为依据，对每一个项目进行分析并编制调整分录，从而编制现金流量表。

现在以工作底稿法编制现金流量表时，具体步骤如下。

第一步，将资产负债表的期初数和期末数过入工作底稿的期初数栏和期末数栏。

第二步，对当期业务进行分析并编制调整分录。即通过调整资产负债表及利润表中的项目，使权责发生制下的费用收入转换为现金；其次将利润表以及资产负债表中有关投资和筹资方面的收入和费用列入现金流量表投资、筹资现金流量中。

第三步，将调整分录过入工作底稿中相应部分。

第四步，核对调整分录，借贷合计应当相等，资产负债表项目期初数加减调整分录中的借贷金额以后应当等于期末数。

第五步，根据工作底稿中的现金流量表项目，编制正式的现金流量表。

（2）T 形账户法

T 形账户法是一种以 T 形账户为手段，以利润表和资产负债表数据为基础，对每一个项目进行分析并编制出调整分录，从而编制出现金流量表的编制方法。

T形账户法编制现金流量表的具体步骤如下。

第一步，分别开设关于非现金项目（包括资产负债表项目和利润表项目）的T形账户，将各自的期末期初变动数过入各该账户。

第二步，开设一个大的"现金及现金等价物"T形账户，左右两边分为经营活动、投资活动和筹资活动三个部分，左边记现金流入，右边记现金流出。与其他账户一样，过入期末期初变动数。

第三步，以利润表项目为基础，结合资产负债表分析每一个非现金项目的增减变动，并据此编制调整分录。

第四步，将调整分录过入各T形账户并进行核对，该账户借贷相抵后的余额与原先过入的期末期初变动数应当一致。

第五步，根据大的"现金及现金等价物"T形账户，编制正式的现金流量表。

现金流量表分为主表以及附表部分，主表记录各项目金额，实际上就是每笔现金流入、流出的归属，而附表的各项目金额则是相应会计账户的当期发生额或期末与期初余额的差额。

在讲述主表如何编制前，先来讲解附表是如何填写的。一般情况下，附表项目可以直接取相应会计账户的发生额或者余额填列，具体如表9-4所示。

表9-4　现金流量表附表填列构成

项　目	填列方式
净利润	现金流量表附表的净利润项目的金额，根据利润表中净利润项目的金额填列

项　　目	填列方式
计提的资产减值准备	根据"管理费用"账户下的"计提坏账准备"及"计提的存货跌价准备"明细账户,"营业外支出"账户下的"计提的固定资产减值准备""计提的在建工程减值准备"和"计提的无形资产减值准备"明细科目,"投资收益"账户下的"计提的短期投资跌价准备"和"计提的长期投资减值准备"等明细账户的借方发生额填列
固定资产折旧	根据"管理费用"和"销售费用"等账户下的"折旧费"明细账户的借方发生额填列
无形资产摊销	根据"管理费用"等账户下的"无形资产摊销"明细账户的借方发生额填列
长期待摊费用摊销	根据"管理费用"和"销售费用"等账户下的"长期待摊费用摊销"明细账户的借方发生额填列
待摊费用减少	根据"待摊费用"账户的期初、期末余额的差额填列
预提费用增加	根据"预提费用"账户的期末余额与期初余额的差额填列
处置固定资产、无形资产和其他长期资产的损失	根据"营业外收入""营业外支出"和"其他业务收入"等账户下的"非流动资产处置利得"和"非常损失"等明细账户的借方发生额与贷方发生额的差额填列
固定资产报废损失	根据"营业外支出"账户下的"固定资产盘亏"明细账户的借方发生额填列
财务费用	根据"财务费用"账户下的"利息支出"明细账户的借方发生额填列,不包括"利息收入"等其他明细账户发生额
投资损失	根据"投资收益"账户借方发生额填列
递延税款贷项	根据"递延税款"账户期末余额与期初余额的差额填列
存货的减少	根据与经营活动有关的"原材料""库存商品"和"生产成本"等所有存货账户的期初、期末余额的差额填列
经营性应收项目的减少	根据与经营活动有关的"应收账款""其他应收款"和"预付账款"等账户的期初、期末余额的差额填列

项　　目	填列方式
经营性应付项目 的增加	根据与经营活动有关的"应付账款""预收账款"和"应付职工薪酬"等账户的期末、期初余额的差额填列

下面我们以具体实例为例，看看怎样编制现金流量表。

| 范例解析 | 经营活动现金流量的计算

某酒店 2×20 年半年度利润表上列示的营业收入为 1 100.00 万元，营业成本为 740.00 万元，对应的增值税销项税额为 62.00 万元。期初应收账款账户余额为 400.00 万元，其中本期核销坏账 10.00 万元，期末应收账款账户余额为 300.00 万元，期初应付账款余额 300.00 万元，期末应付账款余额 100.00 万元。假定不考虑其他因素，则该酒店 2×20 年上半年的现金流量表中"经营活动产生的现金流量"的各项目金额是多少呢？

销售商品、提供劳务收到的现金＝主营业务收入＋销项税额＋其他业务收入（不含租金）＋应收账款（初－末）＋应收票据（初－末）＋预收账款（末－初）＋本期收回前期核销坏账－本期计提的坏账准备－本期核销坏账－现金折扣－票据贴现利息支出－视同销售的销项税额－以物抵债的减少＋收到的补价＝1 100.00+62.00+（400.00－300.00）－10.00=1 252.00（万元）

购买商品、接受劳务支付的现金＝主营业务成本＋进项税额＋其他业务支出(不含租金)＋存货(末－初)＋应付账款(初－末)＋应付票据(初－末)＋预付账款（末－初）＋存货损耗＋工程领用、投资、赞助的存货－收到非现金抵债的存货－成本中非物料消耗（人工、水电、折旧）－接受投资、捐赠的存货－视同购货的进项税额＋支付的补价＝740.00＋（300.00－100.00）=940.00（万元）

| 范例解析 | 投资活动现金流量的计算

　　恺宾酒店为增值税一般纳税人，适用税率 6%，2×19 年交易性金融资产年初余额 300.00 万元，本年出售 50.00 万元，获得收益 20.00 万元，收到投资股利 10.00 万元。现金流量表的相关项目的计算填列如下所示。

　　收回投资收到的现金 =50.00（万元）

　　取得投资收益收到的现金 =20.00+10.00=30.00（万元）

9.4　预算报表的编制与报告

　　本章最后来简单了解一下关于预算报表的相关内容。预算报表是反映某一方面财务活动的预算，如反映现金收支活动的现金预算，反映销售收入的销售预算，反映成本、费用支出的生产费用预算（又包括直接材料预算、直接人工预算、制造费用预算）、期间费用预算，反映资本支出活动的资本预算等。

　　综合预算是反映财务活动总体情况的预算，如反映财务状况的预计资产负债表、预计财务状况变动表，反映财务成果的预计利润表。

9.4.1　财务预算的概述

　　财务预算是集中反映未来一定期间（预算年度）现金收支、经营成果和财务状况的预算，是企业经营预算的重要组成部分，也是经营决策者预计未来年度经营情况并作出决策的重要依据。

　　财务预算的内容一般包括"现金预算""预计利润表"和"预计资产负债表"等。

　　其中，现金预算反映企业在预算期内，由于生产经营和投资活动所引起的现金收入、现金支出和现金余缺情况；预计利润表反映企业在预算期内的经营业绩；预计资产负债表反映企业在预算期末的财务状况，即资金来源、资金占用以及它们各自的构成情况。

现金预算是反映未来一定期间企业现金流转状况的预算。这里所说的现金，包括企业库存现金、银行存款等货币资金。

编制现金预算的目的是合理地处理现金收支业务，调度资金，保证企业财务处于良好状态。它包括以下内容：①现金收入；②现金支出；③现金的多余或不足。现金收支相抵后的余额，若收大于支，表示现金有多余，可用于偿还贷款，购买短期证券等；若收小于支，表示现金不足，企业可能需要举债。

预计利润表是综合反映预算期内企业经营活动成果的一种财务预算。它是根据销售收入、产品成本、费用等预算的有关资料编制的。

预计资产负债表是依据当前的实际资产负债表和全面预算中的其他预算，所提供的资料编制而成的总括性预算表格，可以反映企业预算期末的资产、负债与所有者权益的结构情况。

9.4.2　财务预算的编制

现金预算包括"现金收入"部分的期初现金余额和预算期现金收入；"现金支出"部分的销售预算、生产预算、直接材料预算、直接人工预算、制造费用预算、产品成本预算、销售及管理费用预算等。

在酒店餐饮业中，编制现金预算一般不包括生产预算、制造费用预算。

现金预算是有关预算的汇总，由现金收入、现金支出、现金多余或不足、资金的筹集和运用四个部分组成。

现金预算编制步骤：①确定现金收入；②计划现金支出；③编制现金预算表。

| 范例解析 |　现金预算的计算

恺宾酒店 2×20 年需要保留的现金余额为 400 000.00 元，不足数时需要向银行借款。假设 2×19 年年底现金余额 300 000.00 元，而对银行借款的金额要求为 1 000.00 元的倍数。那么 2×19 年年底借款额为多少？一般按"每期期初借入，每期期末归还"来预计利息，故本例借款期为 1 年。

假设年利率为 10%，即

应预计利息 =100 000.00×10%=10 000.00（元）

预计利润表及资产负债表就是将损益情况、资产负债情况具体细化到预算年度各期间上，然后与往年同期对比，从而完善预算数据。即在上年相关数据和现金预算等基础上，编制未来年度的预计利润表。

了解财务报表分析的撰写

第10章

财务报表分析是一门以会计核算、报表资料、其他相关资料为依据，采用一系列专门分析技术和方法，对企业偿债、盈利、营运等能力进行分析评价，为企业相关者提供信息的综合性应用。因此，对于财务报表的分析，面向的对象有几种，包括投资者、债权人和经营者等。不同主体提供不同的财务报表分析，接下来将具体来了解不同角度的财务报表分析。

10.1 财务报表分析概述

拿到一份财务报表，应该如何分析？面对不同的需求者，应该提供怎样的分析数据？得出怎样的成果？接下来，我们就带着这些疑问，展开本章的学习。

10.1.1 财务报表分析的目的与作用

了解财务报表分析的目的与作用，有助于财会人员后期更准确地进行财务报表分析。

（1）财务报表分析的目的

财务报表分析的目的，一般是通过对经营活动过程结果的分析为未来经营决策提供所需的依据。对于不同的分析主体来说财务报表分析的目的是不同的，根据不同的主体，其目的分为以下几个方面。

◆　对于企业投资者而言。

投资者出于对自身利益的关心，需要了解企业总体经营情况，他们进行财务报表分析最主要的目的是：通过分析企业的投资报酬率，正确判断被投资企业在资本市场的投资价值，合理评价风险以及潜在成长力，以便决定是投资还是撤退。

◆　对于债权人而言。

债权人进行财务报表分析的目的，在于研究企业偿债能力的大小，看企业能否及时、足额偿还借款。

◆　对于企业经营管理者而言。

企业经营管理者被聘请担任着日常经营中决策、组织、管理的角色，因此他们进行财务报表分析的目的，在于全面了解企业财务状况，了解企业各项财务计划指标的完成情况，了解企业资金流动性以及未来资金流是否存在问题，从而发现问题并及时调整。

◆ 对于其他主体而言。

主要是指与企业有关的国家行政主体以及监督部门、企业供应商、产品购买者等。他们进行财务报表分析的目的，在于搞清楚企业信用状况，看是否能按时、高质量地完成交易以及及时清算各项款项；有关国家主体主要是监督企业，看其是否合法、真实、准确地执行相关法律法规。

（2）财务报表分析的作用

总的来说，通过财务报表分析可以正确地评价企业的过去，反映企业的现状，评估企业的未来。

财务报表评估未来，可为财务决策、预算等指明方向；可对财务危机提供预测信息，这些对预测未来企业价值及经营情况都十分有益。

财务报表分析对内起着影响经营管理者制定、更改经营方针的作用，对外可对投资决策、贷款决策等起重要作用。

10.1.2 财务报表分析的内容及方法

财务报表分析就是对企业经营成果和财务状况的分析，通常包括对企业财务报表、获利能力、短期支付能力、长期偿债能力和资产运用效率等进行分析。

若是以不同分析主体区分的话，细化为债权人对企业偿债能力的关注；投资者对企业利润分配能力的关注；经营者对企业经营现状、管理水平的关注。

由于分析的目标不同，我们在实际分析财务报表时会选择不同的财务报表分析方法，一般的财务报表分析方法有下面四种。

（1）比较分析法

比较分析法是指通过对主要项目或者指标数值的对比，确定出对比项之间的差异，分析判断企业经营状况的一种方法。这也是在日常分析中运用最为广泛的方法。

运用比较分析法要注意可比性的问题，具体包括以下四点。

◆ 指标内容、范围和计算方法的一致性。

◆ 会计计量标准、会计政策及会计处理方法的一致性。

◆ 时间长度一致性。

◆ 企业类型、经营规模大体一致。

| 范例解析 | 比较分析法的运用

以恺宾酒店 2×19 年及 2×18 年利润表数据为例，编制比较利润表，如表 10-1 所示。

表 10-1 比较利润表

单位：元

项　　目	本期金额	上期金额	增减变动	
			金额	百分比
一、营业收入	6 200 000.00	5 000 000.00	1 200 000.00	24%
减：营业成本	5 000 000.00	4 000 000.00	1 000 000.00	25%
税金及附加	15 000.00	10 000.00	5 000.00	50%
销售费用	500 000.00	440 000.00	60 000.00	13.64%
管理费用	600 000.00	480 000.00	120 000.00	25%
财务费用	30 000.00	20 000.00	10 000.00	50%
资产减值损失	100 000.00	50 000.00	50 000.00	100%
加：公允价值变动收益（损失以 "–" 号填列）				
投资收益（损失以 "–" 号填列）	100 000.00	80 000.00	20 000.00	25%
其中：对联营企业和合营企业的投资收益				

续表

项　　目	本期金额	上期金额	增减变动	
			金额	百分比
二、营业利润（亏损以"－"号填列）	55 000.00	80 000.00	−25 000.00	−31.25%
加：营业外收入	100 000.00	30 000.00	70 000.00	233.33%
减：营业外支出	150 000.00	100 000.00	50 000.00	50%
其中：非流动资产处置损失				
三、利润总额（亏损总额以"－"号填列）	5 000.00	10 000.00	−5 000.00	−50%
减：所得税费用	1 250.00	2 500.00	−1 250.00	−50%
四、净利润（净亏损以"－"号填列）	3 750.00	7 500.00	−3 750.00	−50%

（2）比率分析法

比率分析法是以同一期财务报表上若干重要项目的相关数据相互比较，求出比率，用以分析和评价公司的经营活动以及公司目前和历史状况的一种方法，是财务分析另一种使用较多的方法。

比率分析法常用于分析企业获利能力、偿债能力、成长能力和周转能力。

①分析企业获利能力时使用的比率。

资产报酬率=（税前盈利+利息支出）÷平均资产总额×100%

资本报酬率=税后盈利（净收益）÷资本总额（或股东权益）×100%

股本报酬率=税后盈利÷总股本×100%

股东权益报酬率=（税后盈利－优先股股利）÷股东权益×100%

股利报酬率=每股股利÷每股市价×100%

每股账面价值=股东权益总额÷（优先股股数+普通股股数）

每股盈利=（税后盈利－优先股股利）÷普通股发行股数

价格盈利比率=股票价格÷每股盈利

普通股利润率=普通股每股账面价值÷普通股每股市价×100%

价格收益率=普通股每股市价÷普通股每股账面价值

股利分配率（即股息支付率）=（现金股利–优先股股息）÷（税后利润–优先股股息）

销售利润率=税后利润÷销售收入×100%

②公司的偿债能力包括短期偿债能力和长期偿债能力。

短期偿债能力即将公司资产转变为现金用以偿还短期债务的能力，比率主要有流动比率、速动比率以及流动资产构成比率等。

长期偿债能力即公司偿还长期债务的能力，比率主要有股东权益对负债比率、资产负债率、举债经营比率、产权比率和固定资产对长期负债比率等。

③成长能力分析所用的比率。

成长能力即发展能力，是指企业在从事生产经营活动过程中表现出来的增长能力，比率主要有销售增长率、资产增长率、股权资本增长率和利润增长率等。

④周转能力分析所用的比率。

周转能力即营运能力，是反映企业资金周转状况的能力指标，比率主要有应收账款周转率、存货周转率、流动资产周转率、固定资产周转率和总资产周转率等。

（3）趋势分析法

趋势分析法是通过对有关指标的各期数据相对于基期的变化趋势的分析，从中发现问题，为追索和检查账目提供线索的一种分析方法。趋势分析法一般步骤如下。

第一步，计算趋势比率或指数，通常指数计算有两种方式，即定基指数法、环比指数法。

第二步，根据指数计算结果。

第三步，预测未来发展趋势。

（4）因素分析法

因素分析法是利用统计指数体系，分析现象总变动中各个因素影响程度的一种统计分析方法，包括连环替代法、差额分析法和指标分解法等。

10.2　偿债能力分析

企业的偿债能力是指企业用其资产偿还长期债务与短期债务的能力。企业有无支付现金的能力和偿还债务能力，是企业能否生存和健康发展的关键。企业偿债能力是反映企业财务状况的重要标志。

在了解如何分析短期偿债能力及长期偿债能力之前，先来简单了解企业偿债能力分析的简单概述及意义。

企业偿债能力，静态地讲，就是用企业资产清偿企业债务的能力；动态地讲，就是用企业资产和经营过程中创造的收益偿还债务的能力。

企业偿债能力分析有如下四方面意义。

◆ 评价企业财务状况好坏。

◆ 分析举债是否有能力偿还，控制企业财务风险。

◆ 预测企业筹资前景。

◆ 准确了解企业自由资金、可变现财产现状，把握企业财务活动。

10.2.1　短期偿债能力分析

简单来讲，短期偿债能力分析就是企业流动资产偿还流动负债的能力，变相反映了企业流动资产的变现能力。

短期负债是指流动负债，一般是将于一年内或者超过一年的一个正常营业周期内需要动用流动资产偿还的债务。

短期偿债能力包括：银行短期借款偿债能力，应付账款归还能力以及应付职工薪酬、应交税费等的支付、缴纳能力。

前面我们讲过短期偿债能力的主要指标，下面来具体了解一下这些比率。

（1）流动比率

流动比率，表示每一元流动负债有多少流动资产作为偿还的保证。它反映公司流动资产对流动负债的保障程度。其计算公式如下。

$$流动比率=流动资产合计 \div 流动负债合计$$

一般情况下，该指标越大，表明公司短期偿债能力越强。通常，该指标在 200% 左右较好。

| 范例解析 |　流动比率的计算

假设恺宾酒店 2×19 年度的流动资产合计 10 200 000.00 元，流动负债合计 8 050 000.00 元，计算 2019 年恺宾酒店流动比率。

流动比率 =10 200 000.00÷8 050 000.00×100%=126.71%

这个数据意味着酒店的流动资产是流动负债的 1.26 倍，或者说对于 1.00 元的流动负债，企业有 1.26 元流动资产为其作保障。

在运用流动比率时，我们必须注意以下几个问题。

①流动比率仅能表示一个企业特定时点的短期偿债能力。

②虽然流动比率越高，偿债能力越强，但这并不能表示企业已有足够的现金或者存款来偿还。

③从短期债权人角度讲，流动比率越高越好；但从企业经营者角度来讲，越高意味着闲置资金可能越多。

④流动比率是否合理，不同行业不同时期有不同的评价标准。

（2）速动比率

速动比率表示每一元流动负债有多少速动资产作为偿还的保证，进一步反映流动负债的保障程度。计算公式如下。

$$速动比率=（流动资产合计－存货净额）÷流动负债合计$$

之所以剔除存货，最主要原因是存货虽然属于流动资产，但是其变现速度非常慢；或者存货实际上已报废但还未处理。

一般情况下，该指标越大，表明企业短期偿债能力越强，通常该指标在100%左右较好。

| 范例解析 |　速动比率的计算

假设恺宾酒店2×19年度的流动资产合计10 200 000.00元，其中存货净额2 000 000.00元，流动负债8 050 000.00元，计算2×19年恺宾酒店速动比率。

$$速动比率＝（10\ 200\ 000.00－2\ 000\ 000.00）÷8\ 050\ 000.00×100\%=101.86\%$$

在运用速动比率时，必须注意以下四个问题。

①速动比率仅能表示一个企业特定时点以其速动资产偿还短期债务的能力。

②速动比率不代表企业长期财务状况。

③尽管剔除了存货，但流动资产中的应收账款等也存在潜在影响。

④尽管速动比率比流动比率更准确，但并不认为速动比率低的企业其流动负债到期时就绝对不能偿还。

10.2.2　长期偿债能力分析

长期偿债能力是指企业保证到期后长期负债能及时偿付的可靠性。企业的长期债务指偿还期在一年以上的负债，包括长期借款、应付债券和长期应付款等。

长期偿债能力是企业债权人、投资者、经营者和与企业有关联的各方等都十分关注的重要能力。

投资者关注长期偿债能力分析，可以判断其投资的安全性及盈利性。

债权人关注的点在于自身利益安全性以及能否及时收到还款。

经营者关注长期偿债能力分析，主要是有以下四个目的。

◆ 了解企业的财务状况，优化资本结构。

◆ 揭示企业所承担的财务风险程度。

◆ 预测企业筹资前景。

◆ 为企业进行各种理财活动提供重要参考。

（1）资产负债率

资产负债率是负债总额与资产总额的比率，表明的是企业资产总额中，债权人的资金占全部资金的比重，其计算公式如下。

$$资产负债率=负债总额÷资产总额×100\%$$

资产负债率过高，表明企业财务风险越大，一般在 40% ~ 60% 是一个适宜水平。

| 范例解析 | 资产负债率的计算

假设恺宾酒店 2×19 年度的资产总额合计 20 200 000.00 元，负债总额合计 10 050 000.00 元，计算 2×19 年度酒店的资产负债率。

资产负债率 =10 050 000.00 ÷ 20 200 000.00 × 100%=49.75%

这说明资产负债率处于 40% 以上，低于 60%，处于一个相对安全的水平。若想进一步判断酒店偿债能力大小，应选择同行业偿债能力平均水平作对比。

（2）产权比率

产权比率又称净资产负债率，是负债总额与所有者权益总额之间的比率，反映投资者投入资产对于企业负债承担多少保障力。计算公式如下。

$$产权比率=负债总额÷所有者权益总额×100\%$$

产权比率越高，企业风险越大，长期偿债能力越弱。

反映企业长期偿债能力的核心指标是资产负债率，产权比率是对资产负债率的必要补充。

| 范例解析 | 产权比率的计算

假设恺宾酒店 2×19 年度的负债总额合计 10 050 000.00 元，所有者权益合计 10 150 000.00 元，计算 2×19 年度酒店的产权比率。

产权比率 =10 050 000.00 ÷ 10 150 000.00 × 100%=99.01%

酒店 2×19 年度的产权比率小于 1，即酒店净资产还没有达到足额保障长期债务的清偿的水平。

在进行产权比率分析及资产负债率分析时，应注意以下四个问题。

①产权比率与资产负债率都是反映企业长期偿债能力的指标，两者相互补充，相互印证。

②产权比率侧重债务成本与权益成本的比重，资产负债率侧重反映总资产中依靠负债取得的有多少。

③所有者权益就是企业的净资产，产权比率反映的是净资产对长期偿债能力的保障。

④两个比率都有局限性，都是站在企业清算角度来看长期偿债能力的。

10.3　企业运营能力分析

企业的运营能力主要是指企业资产的利用效率和效益。资产周转速度越快，资产的利用率越高。

企业资产的运营管理目标是以尽可能少的资产占用和尽可能短的周转时间，实现尽可能多的销售收入和利润。

本节将简单介绍运营能力涉及哪些比率，以及其内容和作用。

一般来说，评估企业的运营能力的指标是评估资产利用效率的指标，包括流动资产周转率分析、固定资产周转率分析和全部资产周转率分析这三大类。

其中，流动资产周转率分析的主要指标有：流动资产周转率、应收账款周转率和存货周转率等。

固定资产周转率分析的主要指标有：固定资产周转率、固定资产更新率和固定资产退废率等。

全部资产周转率的分析指标主要是总资产周转率。

在进行企业运营能力分析时，有以下四个方面的重要意义。

◆ 评价企业资产的营运能力。

◆ 评价企业资产管理水平。

◆ 评价企业各项资产配置是否合理。

◆ 营运能力是对盈利能力、偿债能力分析的有效补充。

10.3.1 流动资产的周转率分析

流动资产包括货币资金、应收账款、应收票据和存货等。若是一个企业越多地拥有以上这些流动资产，则表示企业的资产流动性越强，风险越低，但盈利能力可能就越弱。

（1）流动资产周转率

流动资产周转率指企业一定时期内主营业务收入净额与平均流动资产总额的比率，反映一定时期内流动资产从投入到产出的次数，是评价企业流动资产利用率的指标。相关计算公式如下。

流动资产周转率（次）=主营业务收入净额÷平均流动资产总额

平均流动资产总额=（流动资产年初余额+流动资产年末余额）÷2

流动资产周转期（天）=360÷流动资产周转率

一般该指标越高，企业经营效益越好，所带来的收入很可能越多。

| 范例解析 | 流动资产周转率的计算

假设恺宾酒店 2×19 年年初流动资产合计 8 800 000.00 元，年末流动资

产合计 10 200 000.00 元，营业收入净额 9 900 000.00 元，计算 2×19 年度酒店的流动资产周转率。

平均流动资产总额 =（8 800 000.00+10 200 000.00）÷2=9 500 000.00（元）

流动资产周转率（次）=9 900 000.00÷9 500 000.00=1.04（次）

流动资产周转期（天）=360÷1.04=346.15（天）

计算结果表明，2×19 年度酒店流动资产周转率为 1.04 次，周转期为 346.15 天，表明一年内流动资产大概周转了一次，周转一次大概需要 346 天。若是经营者需评价流动资产周转率高低，可与近几年酒店的流动资产周转率做比较，或者与同行业当期流动资产周转率平均水平比较。

（2）应收账款周转率

应收账款周转率是企业在一定时期内赊销净收入与应收账款平均余额之比，反映一定时期内应收账款的回收次数。计算公式如下。

①理论公式。

赊销收入净额=销售收入-销售退回-销售折扣和折让-现销收入

应收账款周转率=赊销收入净额÷应收账款平均余额

应收账款平均余额=（期初应收账款余额+期末应收账款余额）÷2

一般情况下，应收账款周转率越高越好，周转率高，表明赊账越少，收账迅速，账龄较短，资产流动性较强，可以减少坏账损失等。

②运用公式。

销售净收入=销售收入-销售退回-销售折扣和折让

应收账款周转率=当期销售净收入÷[（期初应收账款余额+期末应收账款余额）÷2]

应收账款周转期（天）=360÷应收账款周转率

| 范例解析 | 应收账款周转率的计算

假设恺宾酒店 2×19 年年初应收账款余额 3 550 000.00 元，期末应收账

款余额 1 550 000.00 元，营业收入净额 9 900 000.00 元，计算 2×19 年度酒店的应收账款周转率。

应收账款周转率 =9 900 000.00÷[（3 550 000.00+1 550 000.00）÷2]
=3.88（次）

应收账款周转期（天）=360÷3.88=92.78（天）

计算结果表明，2×19 年度酒店应收账款周转率为 3.88 次，周转期是 92.78 天。也就是说，一年内酒店的应收账款大概周转了 4 次，周转 1 次的时间大概需要 93 天。

需要说明的是，在计算应收账款平均余额时，应当包括应收票据的金额。由于营业收入净额难以确定，因此这里以营业收入替代。

（3）存货周转率

存货周转率又名库存周转率，是企业一定时期营业成本（销货成本）与存货平均余额的比率。该比率用于反映存货的周转速度，即存货的流动性和存货资金占用量是否合理。相关计算公式如下。

存货周转率=销售成本÷平均存货

存货平均余额=（期初存货余额+期末存货余额）÷2

存货周转期=360÷存货周转率

公式中的销售成本是指销售货物或者提供劳务的实际成本，一般用利润表中的营业成本代替。

一般来说，存货周转次数越多越好，这表明存货流动性强，转换为现金或者应收账款的速度越快。

| 范例解析 | 存货周转率的计算

假设恺宾酒店 2×19 年年初存货账面余额为 550 000.00 元，年末存货账面余额为 600 000.00 元，营业成本 6 000 000.00 元，计算 2×19 年度酒店的存货周转率及周转天数。

存货周转率 =6 000 000.00÷ [（550 000.00+600 000.00）÷2]

=10.43（次）

存货周转期 =360÷10.43=34.52（天）

可以看出，2×19年度酒店的存货周转率为 10.43 次，周转期为 34.52 天，表明酒店一年中存货大概周转 10 次，周转一次大概需要 35 天。

在实际工作中，我们在分析存货周转率时，还应考虑进货批量以及季节性等因素。

10.3.2 固定资产的周转率分析

本节主要介绍固定资产周转率分析的主要指标。

（1）固定资产周转率

固定资产周转率，也称固定资产利用率，是企业销售收入与平均固定资产净值的比率。固定资产周转率表示在一个会计年度内固定资产周转的次数，或表示每一元固定资产支持的销售收入。相关计算公式如下所示。

固定资产周转率=销售收入÷平均固定资产净值

平均固定资产净值=（期初固定资产净值+期末固定资产净值）÷2

固定资产周转期=360÷固定资产周转率

一般来说，固定资产周转率越高，周转天数越少，说明固定资产利用率越高，管理水平越好。

| 范例解析 | 固定资产周转率的计算

假设恺宾酒店 2×19 年年初固定资产净值为 950 000.00 元，年末固定资产净值为 850 000.00 元，当年营业收入 9 900 000.00 元，计算 2×19 年度酒店的固定资产周转率及周转天数。

固定资产周转率 =9 900 000.00÷ [（950 000.00+850 000.00）÷2]=11（次）

固定资产周转期 =360÷11=32.73（天）

结果表明，酒店 2×19 年固定资产周转率为 11 次，周转期为 32.73 天，这意味着在 2×19 年固定资产大概周转了 11 次，周转一次需要的时间大概是 33 天。评价该周转率高低时，可与酒店前期或者同行业同时期的固定资产周转率水平作对比。

（2）固定资产更新率

固定资产更新率，是指企业一定时期内（通常为 1 年）新增加的固定资产价值与全部固定资产价值的比率。其计算公式如下。

固定资产更新率=本年新增固定资产价值总和（原值）÷固定资产总值（原值）×100%

一般该指标越大，表明固定资产更新速度越快。经过更新的占总固定资产价值多大比重，也反映了固定资产在一定时期内更新的规模和速度。

在评价企业固定资产更新的规模和速度时，也应结合具体情况进行分析。企业为了保持一定的生产规模和生产能力，对设备进行必要的更新是合理的，但如果更新设备只是盲目扩大生产，就不合理了。

从固定资产更新率的公式可以看出，固定资产更新率受以下两个方面因素的影响。

①受到期初固定资产总额的影响。固定资产体现着原有固定资产的规模，这一数值愈大，在其他条件不变的情况下，其固定资产更新的速度愈缓慢，即固定资产更新率愈低。

②受到新增固定资产数额的影响。

（3）固定资产退废率

固定资产退废率又称"固定资产报废率"，是指企业一定时期内报废清理的固定资产价值与期初固定资产原值的比率。企业固定资产的退废应与更新相适应，这样才能维持再生产。退废数额中不包括固定资产盘亏和损坏的数额。计算公式如下。

固定资产退废率=本期退废固定资产总值（原值）÷期初固定资产总值（原值）×100%

需要说明，固定资产报废分两种情况：一种是固定资产因陈旧、磨损严重，无法继续使用而报废；另一种是科学技术发展进步，为了提高生产效率而淘汰生产效率低的固定资产。

| 范例解析 |　固定资产退废率、更新率的计算

假设恺宾酒店 2×19 年年初固定资产账面价值为 2 050 000.00 元，本期减少固定资产 220 000.00 元，本期新增固定资产 310 000.00 元，计算本年固定资产退废率、更新率。

固定资产更新率 =310 000.00÷（2 050 000.00+310 000.00−220 000.00）×100%=14.49%

固定资产退废率 =220 000.00÷2 050 000.00×100%=10.73%

整体来看，酒店固定资产的更新率大于其固定资产退废率，说明酒店固定资产的实际规模在扩大。

10.3.3　全部资产的周转率分析

总资产周转率又称总资产周转次数，是企业在一定时期的营业收入净额同平均资产总额的比率。总资产周转率是衡量企业组织、管理和使用整体资产的能力和效率。相关计算公式如下。

总资产周转率（次）=营业收入净额÷平均资产总额

平均资产总额=（资产总额年初数+资产总额年末数）÷2

总资产周转期（天）=360÷总资产周转率

通常，该指标值越大，表明总资产周转速度越快，总资产的利用率越高，企业的运营能力越强。

| 范例解析 |　总资产周转率的计算

假设恺宾酒店 2×19 年年初总资产共计 18 000 000.00 元，年末总资产合计 20 200 000.00 元，营业收入净额 9 900 000.00 元，计算 2×19 年度酒

店的总资产周转率及周转期。

总资产周转率 =9 900 000.00÷[（18 000 000.00+20 200 000.00）÷2]=0.52（次）

总资产周转期 =360÷0.52=692.31（天）

计算结果表明，酒店总资产周转率 0.52 次，总资产周转期为 692.31 天，表明酒店的总资产每年周转约 0.5 次，周转一次大概需要 692 天。可以初步判断，该酒店 2019 年度的总资产的利用水平比较弱，2020 年度需采取积极的措施提高总资产的周转率，进而提高运营能力。

10.4　企业盈利能力分析

企业的盈利能力是指企业在一定时期内赚取利润的能力。盈利能力的分析主要借助利润率指标。

一般来说，利润相对于收入和资源投入的比率越高，盈利能力越强。分析企业盈利能力主要有如下一些作用。

- ◆ 反映和衡量企业的经营业绩。
- ◆ 能够发现企业经营过程中存在的问题，企业经营情况如何，最终都会通过盈利能力来反映。
- ◆ 是投资者做投资决策的重要依据。
- ◆ 通过盈利能力可以分析判断企业可能的利润分配水平。
- ◆ 能够分析了解企业资本的保值、增值情况。
- ◆ 盈利能力也是债权人关注的方面，因为从长远来看利润是偿债的主要资金来源，尤其针对长期债务更是如此。

10.4.1　销售利润率分析

销售利润率是企业利润总额与企业销售收入净额的比率。它反映企业销售收入创造的利润。由于分子不同，指标表现的盈利情况也有所不同，比如销售毛利率、销售利润率等，计算公式分别如下所示。

$$销售利润率=利润总额÷营业收入×100\%$$

其中利润总额是指销售收入扣除销售成本、税金及期间费用等成本费用后的利润，主要体现为企业的主营业务利润和其他业务利润之和。

销售利润率表明每单位销售收入能带来多少销售利润，反映企业主营业务和其他业务的盈利能力。

$$销售毛利率=销售毛利÷营业收入×100\%$$

其中销售毛利是销售收入与销售成本的差额。

销售毛利率能够评价企业对管理费用、销售费用、财务费用等期间费用的承受能力，毛利率越高可以开支的期间费用就相对较多。

10.4.2　总资产报酬率

总资产报酬率是指企业一定时期内报酬总额与资产平均总额的比率。该指标表示企业的全部资产的总体盈利能力，是评价企业资产营运效益的重要指标。其计算公式如下。

$$总资产报酬率=息税前利润÷平均资产总额×100\%$$

将上述公式进行分解。

总资产报酬率=息税前利润÷平均资产总额×销售收入净额÷销售收入净额×100%=息税前利润÷销售收入净额×销售收入净额÷平均资产总额×100%=销售报酬率×总资产周转率

可见，影响总资产报酬率的因素有两个，即销售报酬率和总资产周转率。

其中，销售报酬率从企业销售收入转化为报酬数额多少这个角度反映企业生产经营的盈利能力。

10.4.3　净资产收益率分析

净资产收益率是指企业一定时期内净利润和净资产的比率，该指标用于衡量反映资本运用的综合效率，指标高低与资本运用效率高低成正比。指标值越高，说明投资带来的收益越高。由此可见，该指标体现了自有资本获得净收益的能力。该指标的计算公式如下所示。

净资产收益率=净利润÷净资产×100%

净利润是企业未做任何分配的税后利润，净资产是归属于企业所有者的资产，数量上等于"所有者权益＋少数股东权益"。

| 范例解析 |　净资产收益率的计算

某酒店 2×19 年税后利润 80 000.00 元，净资产为 5 000 000.00 元，计算 2×19 年度酒店的净资产收益率。

净资产收益率 =80 000.00÷5 000 000.00×100%=1.6%

在杜邦分析法中会将净资产收益率的计算逐级分解得到一些系列指标，因此通过其他指标公式反过来计算净资产收益率。

第一级：净资产收益率 = 总资产净利率（净利润÷资产总额）× 财务杠杆比例（资产总额÷净资产）。

如果净资产 = 所有者权益，则

总资产净利率（净利润÷资产总额）× 权益乘数（资产总额÷所有者权益总额）=总资产净利率×[产权比率（负债总额÷所有者权益总额）+1]=总资产净利率÷[1-资产负债率（负债总额÷资产总额）]

第二级：将总资产净利率拆分为销售净利率和总资产周转率。

净资产收益率=销售净利润率（净利润÷销售收入）× 总资产周转率（销售收入÷平均资产总额）× 财务杠杆比例

下列公式可反映出净资产收益率与各影响因素之间的关系。

净资产收益率=净利润÷平均净资产=（息税前利润-负债×负债利息率）×（1-所得税税率）÷平均净资产

表明净资产收益率的影响因素主要有总资产报酬率、负债利息率、企业资本结构和所得税税率等，内容如表 10-2 所示。

表 10-2　净资产收益率的影响因素

因　　素	说　　明
总资产报酬率	净资产是企业全部资产的一部分，因此，净资产收益率必然受企业总资产报酬率的影响
负债利息率	负债利息率之所以影响净资产收益率，是因为在资本结构一定的情况下，当负债利息率变动使总资产报酬率高于负债利息率时，将对净资产收益率产生有利影响
资本结构	资本结构或负债与所有者权益之比会影响净资产收益率和负债利息率
所得税税率	因为净资产收益率的分子是净利润即税后利润，因此，所得税税率的变动必然引起净资产收益率的变动

净资产收益率的分析要点有以下三点。

◆ 净资产收益率可衡量公司对股东投入资本的利用效率。

◆ 具有较强的可比性，在同行业中可以判断处于什么地位。

◆ 在我国通用性强，适用范围广。

10.4.4　成本费用利润率分析

成本费用利润率是企业一定期间的利润总额与成本、费用总额的比率。计算公式如下。

$$成本费用利润率 = 利润总额 \div 成本费用总额 \times 100\%$$

上式中的利润总额和成本费用总额来自企业的利润表。成本费用一般包括营业成本、税金及附加和三项期间费用（即销售费用、管理费用、财务费用）。

分析时，还可将成本费用与营业利润对比，计算成本费用营业利润率指标。其计算公式如下。

$$成本费用营业利润率 = 营业利润总额 \div 成本费用总额 \times 100\%$$

| 范例解析 | **成本费用利润率的计算**

假设恺宾酒店 2×19 年度营业成本有 5 000 000.00 元，税金及附加共计 15 000.00 元，销售费用共 500 000.00 元，管理费用共 600 000.00 元，财务费用共 30 000.00 元，利润总额 550 000.00 元，计算 2×19 年度酒店成本费用利润率。

成本费用总额 =5 000 000.00+15 000.00+500 000.00+600 000.00+30 000.00
=6 145 000.00（元）

成本费用营业利润率 =550 000.00÷6 145 000.00×100%=8.95%

成本费用利润率指标表明每付出一元成本费用可获得多少利润，体现了经营耗费所带来的经营成果。该项指标越高，利润就越大，反映企业的经济效益越好。

10.5 发展能力分析

每一个企业的经营目标都是实现企业价值最大化，归根结底都是为了保证企业的生存和发展能力，因此企业的可持续发展能力是企业经营者非常关注的一项指标。

企业的发展能力，也称企业的成长性，它是企业通过自身的生产经营活动,不断扩大积累而形成的发展潜能。企业能否健康发展取决于多种因素，包括外部经营环境、企业内在素质及资源条件等。

10.5.1 销售增长率分析

销售收入是企业得以成长的最重要收入来源，是企业生存和发展的保障。销售收入越高，说明企业发展越好，符合当下市场的需求。

销售增长率是指企业本年销售增长额与上年销售额之间的比率，反映销售收入的增减变动情况，是评价企业成长状况和发展能力的重要指标。

计算公式如下。

销售增长率=本年销售增长额÷上年销售额=（本年销售额-上年销售额）÷上年销售额×100%

销售增长率分析的意义有下列两点。

①销售增长率是衡量企业经营状况和市场占有能力、预测企业经营业务拓展趋势的重要指标，也是企业扩张增量资本和存量资本的重要前提。

②该指标越大，表明其发展速度越快，企业市场前景越好。

| 范例解析 | 销售增长率的计算

假设恺宾酒店 2×19 年度实现营业收入 9 900 000.00 元，2×18 年度实现销售收入 8 500 000.00 元，计算 2×19 年度酒店的销售增长率。

销售增长率 =（9 900 000.00-8 500 000.00）÷8 500 000.00×100%=16.47%

可以看出，计算销售增长率时使用的销售额是营业收入额。

销售增长率也可以拓展模式分析，不仅可以像上面一样分析企业年度销售收入增长情况，也可以分析企业某一期或者某几期的增长率，如月度、季度、半年度等，还可以分析某一项业务的销售增长率，相关计算公式如下。

某期销售增长率=本期销售增长额÷上期同期销售额=（本期销售额-上期同期销售额）÷上期同期销售额×100%

某业务销售增长率=该业务本期销售增长额÷该业务基期销售额=（该业务本期销售额-该业务基期销售额）÷该业务基期销售额×100%

此处使用"基期"而不是"上期"，是因为考虑某些企业业务可能具有季节性因素，例如羽绒服制造厂。这样的业务如果与上期经营结果进行比较，得出的增长率很可能不准确，甚至出现较大的偏差。

10.5.2　净利润增长率

分析企业发展能力最具说服力之一的指标是收益的增长，通常用净利润增长率来描述企业价值的增长，并将其作为企业发展能力分析的重要指标。净利润增长率是指本期利润增长额与上期净利润的比率。其计算公式如下。

净利润增长率=本期净利润增长额÷上期同期利润额=（本期净利润额−上期净利润额）÷上期净利润额×100%

| 范例解析 |　净利润增长率的计算

假设恺宾酒店 2×19 年度的税后净利润为 100 000.00 元，2×18 年度的税后净利润为 85 000.00 元，计算 2×19 年度酒店的净利润增长率。

净利润增长率＝（100 000.00−85 000.00）÷85 000.00×100%=17.65%

净利润增长率或多或少会受到会计政策、会计估计和资本结构等的影响，比如会计政策会影响坏账准备、折旧年限等因素，从而影响净利润。

10.5.3　总资产增长率

一个实体企业的成立，首先需要注册资金，其次是正常经营过程中需要流动资金、房产和土地，以及机器设备等，这些要素就构成了企业的资产。因此，分析企业的发展能力，总资产增长率也是一个必要的指标。

总资产规模关系着企业的收入以及盈利能力。总资产增长率是企业年末总资产的增长额同年初资产总额之比。

本年总资产增长额为本年总资产的年末数减去年初数的差额，它是分析企业当年资本积累能力和发展能力的主要指标。其计算公式如下所示。

总资产增长率=本期总资产增长额÷期初资产总额×100%

＝（期末资产总额−期初资产总额）÷期初资产总额×100%

总资产增长率越高，表明企业一定时期内资产经营规模扩张的速度越快。但在分析时，需要关注资产规模扩张的质和量的关系，以及企业的后续发展能力，避免盲目扩张。

| 范例解析 | 总资产增长率的计算

假设恺宾酒店 2×19 年度年初总资产共计 18 000 000.00 元，年末总资产合计 20 200 000.00 元，计算 2×19 年度酒店的总资产增长率。

$$总资产增长率 = （20\,200\,000.00 - 18\,000\,000.00）÷ 18\,000\,000.00 × 100\%$$
$$= 12.22\%$$

分析时，考虑企业是否在创立初期，因而判断增长率过高还是过低。企业总资产增长率越大，说明其扩张的速度越快。

为了保证分析结论符合实际，可以计算近三年平均总资产增长率。另外，总资产增长率分析模式也可以进行拓展，比如流动资产增长率、无形资产增长率和固定资产增长率。